忙しい人の
家族ごはん
城川 朝
講談社

はじめに

日々の食事作りに費やす時間と労力を減らしたい。
それが忙しい人たちの本音ではないでしょうか。
今は結婚後も仕事を続ける女性も多く、
その負担はどんどん増えているように思えます。
私のふたりの娘も仕事と家庭を持って、慌ただしく暮らしています。
それを見ていて、心底「大変だなあ」と思います。
いつしか、そういう人たちの毎日をラクにするヒントを
考えるようになりました。

忙しい人に伝えたいのは、
食事はシンプルがいちばんということ。
家庭で食べるごはんには、特別なものはいりません。
デパ地下に並んだ色とりどりのサラダやお総菜と見比べると、
うちの食卓には華がないとがっかりするかもしれません。
でも、家族が求めているのは〝ごく普通のごはん〟なのです。

大事なのはまず満足感のある主菜。これがあれば、
あとはご飯とおみそ汁で成立します。
おなじみの定番料理でいいのです。
思いたったら迷わず作れる主菜が、10品もあれば十分。
わが家の味といえる料理があれば、食事作りは格段にラクになります。

特に凝らなくても、一生懸命作った料理は十分おいしいのです。
見慣れた料理だって、わが家の味と家族が感じてくれればいい。
食卓で温かい食事をともにする、その時間こそが財産です。
いま必要なのは、ササッと作ってあったかい家族のごはん。
長い人生で、本当に余裕のない時期はあっという間に過ぎます。
手間ひまをかけるのは、もう少しあとでもいい。

忙しい生活のなかで、家族の健康を気づかい、メニューに悩みながら、
繰り返し、繰り返し食事を作る……。
それはもっとほめられていいことだと私は思っています。
どうか自信を持って、普通のごはんを堂々と作り続けてください。
そのために本書が少しでもお役に立てたなら、本当にうれしいです。

城川　朝

もくじ

Part 4 野菜はゆでておく

Part 5 ストック食材の副菜

Part 6 パスタとご飯

この本のきまり

- 材料は原則として4人分ですが、大人2人+子ども2人を想定しているため、やや少なめです。「作りやすい分量」としている料理もあります。
- 主菜メニュー欄外の「おすすめ献立」は、二品献立を前提に味や食感のバランスがいい副菜を紹介しています。すべて本書に掲載している料理です。
- 小さじ1は5ml、大さじ1は15ml、カップ1は200mlです。すべてすりきりで計ってください。
- 電子レンジの加熱時間は600Wを基準にしています。500Wの場合は、1・2倍を目安に加減してください。
- フライパンは、原則としてフッ素樹脂加工のものを想定しています。
- 野菜は季節によって水分量が変わるため、必要量が違ってきます。本書では、「旬」の野菜を基準にして算出しています。

忙しい人こそ実践！

食事作りがラクになる5つの提案

提案1

献立は主菜があれば成立する

ごはんを作る人は、いつも「今日は何作ろう」と考えています。長年作っていてもパッと思いつかないこともあるのだから、忙しい人や時間がないときはなおさらでしょう。疲れた頭で何品ものおかずを考えるなんて、大変ですよね。

そんなときはまず、主菜を1品決めること。

家庭のごはんは、品数が多ければいいというものではありません。おかずが1、2品でも、うしろめたく思わないでください。献立には、メインになるものが何かドーンとあればいい。それで、だいたい格好がつくものなんです。

食べ盛りの子どもがいても、おなかをすかせた夫がいても、「今日はこれ」という主菜があれば、それでみんな満足。

数を作らない分、ボリュームは大事にしましょう。

それさえ気をつければ、あとは冷蔵庫の残り物やゆで野菜でいい。みんなが「わーっ」と喜ぶ主役のおかずさえあれば、幸せな食卓です。

提案2

バリエはいらない。定番の10品を持つ

デパ地下やレストランの新メニューだったら、
新しい組み合わせや味つけが
喜ばれるでしょうが、
家庭のごはんに多くのバリエーションは
必要ありません。
作るのが面倒なもの、めずらしい味のものを
家庭の味の中心にすえてはいけません。
いつも同じだけれど、ほっとするものこそが
「わが家の味」。

それは、10品もあれば十分だと思います。
すでに作れるものでもいいし、よくある定番料理でもOK。
自分が作りやすく、食べる人が喜ぶものが最後に残る味です。
何度も作ってブラッシュアップされれば言うことなし。
そこまでいけば、アレンジする余裕もできるし、
「わが家の味」のレベルも上がっていくでしょう。
「あれ、作ってよ」と言われる、「また食べたいな」と思える
そんな主菜が10品あれば、
食事作りは軽やかに回り始めます。

提案3

作る日に買わない。買い物はまとめて

毎日食事を作ること自体が大変な仕事です。
それを忙しいなかでこなすには、
買い物の負担を減らすことが大きなポイント。
帰宅途中にスーパーに寄って、
メニューをひねり出して材料を選び、
重いカゴを持って列の短いレジに並んで……。
どんなに急いでも20~30分はかかってしまいます。
時間がもったいないのはもちろん、
「早く帰らないと」とあせって買い物するのは、
精神的にも切なく苦しいものです。
忙しいから仕方ないと思うかもしれませんが、
忙しい人こそ、この「作る日に買う」という
不毛なサイクルをストップさせたいのです。
いまは宅配やネットスーパーも盛んですから、
ぜひ便利なものを利用してください。
買い物で疲れることなく、そのままキッチンへ。
それが、精神的なゆとりにつながります。

提案4

主菜を最低2日分決めてしまう

週末や時間のあるときにまとめ買いをするなら、
あらかじめメニューを決めておくのがベストです。
きっとハードルが高いと感じるでしょうね。
だって、メニュー作りは家事のひとつですから。
その大変なことを引き受けているのは立派です。
この仕事は日々やるよりも、
まとめてやったほうが効率的。
2〜3日分のメニューを考えておくと、
食事作りは格段にラクになります。

メニューを決めるといっても、主菜だけでOK。
2〜3日分の主菜なら、決められそうでしょう?
「来週1日はしょうが焼きで、1日はぶり照りで、
あとは薄切り肉で何か作る」
くらいのゆるさでいいんです。
主菜が肉なら冷凍して、作る日の朝に冷蔵室に移しておく。
必要なのは、ほんのちょっとの先回りなんです。
だまされたと思って、一度やってみてください。

提案5

野菜はまとめてゆでておく

「野菜をとる」ことは、食事作りのなかで
かなり重要な課題です。
意識して取り入れないと、不足してしまいます。
野菜はそのまま食べられるものが少なく、
洗って皮をむき、加熱して……と、
意外に手がかかる食材なんですよね。
忙しいとなおさら、遠ざかりがちになります。
だから、**野菜はすぐに**
食べられる状態にしておくのが正解。

ゆでたり、レンジ加熱したりして、
わが家ではいつも冷蔵庫にスタンバイさせています。
これは忙しい人にはぜひおすすめしたい知恵。
さっとゆでた野菜はそのままで十分おいしく、
万能の常備菜として長年活躍しています。
水分が適度に抜けて、うまみが凝縮されているし、
炒め物や煮物にするときも調理時間が短縮できます。
野菜はまとめてゆでておく。これさえ知っていれば、
野菜をとるハードルがぐんと低くなりますよ。

Part 1

絶対おすすめの主菜10品

鶏のから揚げやハンバーグ、肉じゃがといった定番おかずは、じっくり下味をつけたり、こねたり、煮たり、意外と手がかかります。もっと簡単にもっと早くできて、しかもボリュームもある！ 忙しい人の食卓で活躍する、とっておきの10品をご紹介します。

主菜 1 ポークソテー

薄切り肉を使うと
火が早く通ります。
たっぷりのソースで食べる
新感覚のポークソテー

豚肉は適度に脂身が混じる肩ロースがおすすめ。薄切り肉で作ると、子どもでも食べやすい。

トマトピューレは使い切りサイズのパックが便利。ぜひ買いおきを。

材料（４人分）

- 豚肩ロース薄切り肉……300g
- 玉ねぎ（薄切り）……½個
- A
  - トマトピューレ……１袋（150g）
  - トマトケチャップ……大さじ４
  - ウスターソース……大さじ¾
  - 砂糖……１つまみ
  - 水……カップ½
- バター……大さじ２
- キャベツ（スライサーでせん切り）……¼個
- ミニトマト（へたを除き半分に切る）……16～18個
- 塩、こしょう……各適量

作り方

1. フライパンにバター大さじ１を溶かし、豚肉を広げながら入れ、色が変わったら返して、一度取り出す。
2. 残りのバター、玉ねぎを加え、しんなりするまで炒める。
3. Aを加え、ゆるくとろみがつくまで数分煮る。
4. １の豚肉をフライパンに戻し入れて塩、こしょうを加え、全体にからめる。器に盛り、キャベツ、ミニトマトを添える。

「これが
わが家の味。
それが増えたら
ラクですよ」

【おすすめ献立】 ◎大根のみそ汁（p57） または◎スパサラダ（p68）

2 主菜

豚肉入りカレーオムレツ

いつもある材料を使って10分で完成！　カレー味でパンチを出します

作り方

1 フライパンにサラダ油を熱し、豚肉を炒め、肉の色が変わったら玉ねぎを加えて炒め合わせる。

2 Aを加えて調味し、取り出して粗熱を取る。

3 ボウルに溶き卵を¼量用意し、塩１つまみ（分量外）を加え、混ぜる。

4 フライパンにサラダ油を熱し、3の卵液を流し入れ、箸で大きく混ぜる。半熟状になったら、2の¼量を卵の手前側に置き、向こう半分の卵をたたんで包む。残りも同様に作る。

5 器に盛り、リーフレタスを添え、ソースをかける。

材料（４人分）

卵（溶きほぐす）……６個
豚肩ロース薄切り肉（一口大に切る）……200g
玉ねぎ（大きめの粗みじん切り）……½個
A　カレー粉……小さじ１弱
　　塩……小さじ½～⅔
　　こしょう……少々
サラダ油……適量
リーフレタス……２～３枚
中濃ソース……適量

玉ねぎは細かく切らず、粗めに切ったほうが甘みを感じられ、食べごたえもある。

【おすすめ献立】◎かぼちゃのヨーグルトソース（p60）　または◎マカロニ＆チーズ（p68）

3 主菜

肉豆腐

牛肉は切り落としで十分。少しのお肉でこのボリュームは助かります

「甘辛味は白いご飯と最高の相性よ」

材料（4人分）

豆腐……大1丁（450g）
牛薄切り肉（こま切れ、切り落としなど）……200g
長ねぎ（1㎝幅の斜め切り）……1本
A［みりん……大さじ6
　 しょうゆ……大さじ4
一味唐辛子……少々

作り方

豆腐から水分が出ると煮汁が薄まるので、厚手で吸水性のあるキッチンペーパーでしっかりふいて。

1 豆腐はキッチンペーパーを二重にして、水けをふく。水分が多ければもう一度ふき、縦半分に切ってから2㎝厚さに切る。
2 鍋またはフライパンにAを入れ、煮立ったら牛肉を加える。
3 肉の色が変わったら端に寄せ、1の豆腐、長ねぎを加え、5～10分煮る。
4 器に盛り、一味唐辛子をかける。

【おすすめ献立】◎キャベツとわかめのサラダ（p55）または◎納豆の梅あえ（p72）

4 主菜

ミートボールのトマト煮

玉ねぎは炒めません。大きく丸めて、市販のソースを使えば手間なし

作り方

1 ボウルにひき肉を入れ、塩、こしょうをふり、よく練り混ぜる。

2 Aを加えて練り混ぜ、玉ねぎを加えてさらに混ぜる。

3 フライパンにオリーブオイルを熱し、2のたねを12等分に丸めて入れ、表面に焼き色をつける（この時点で、たねの中心まで火が通っていなくても大丈夫）。

4 キッチンペーパーでフライパンの余分な脂をふき、トマトソース、缶の1/2量の水（分量外）、オレガノを加え、15分煮る。器に盛り、パセリをふる。

材料（4人分）

合いびき肉	350g
塩	小さじ1/2
こしょう	少々
A パン粉	カップ1/4
牛乳	カップ1/4
卵	1個
玉ねぎ（みじん切り）	1/2個
トマトソース（市販）	1缶
オレガノ（乾燥）	少々
オリーブオイル	適量
パセリ（乾燥）	少々

市販のトマトソース缶は、薄く味がついているので使い勝手がいい。トマトの水煮を使うよりずっとスピーディ。

【おすすめ献立】 ◎キャベツのスープ煮（p55） または◎ブロッコリーのチーズがけ（p59）

5 主菜

牛肉の竜田揚げ

薄い牛肉だから揚げ時間は30秒！　ボリュームたっぷりの人気おかず

「お誕生日にも
作ってねと
言われます」

肉が反り返らないよう、ところどころ筋切りをする。筋は太くないので刃先を刺すように入れて。

作り方

1. 牛肉はところどころに包丁で切り目を入れ、筋切りをする。
2. Aをよく混ぜ合わせ、1の牛肉にもみ込む。汁けがなくなったら、片栗粉をたっぷりまぶす。
3. 揚げ油を180℃に熱し、約30秒揚げる。
4. レタスをしいた器に3の牛肉を盛り、パプリカを添える。

材料（4人分）

牛肉（焼き肉用赤身、5㎜厚さ）……300g
A
- しょうゆ……大さじ3
- 酒……大さじ⅔
- 砂糖……大さじ½
- しょうがの絞り汁……小さじ1～1½

片栗粉……適量
揚げ油……適量
レタス……適量
パプリカ（黄・へたと種を除き縦8等分に切る）……1個

【おすすめ献立】◎小松菜のお浸し（p54）　または◎大根のみそ汁（p57）

6 主菜

鮭の照り焼き 焼きポテト添え

すぐ火が通る鮭とレンジ加熱したポテトで作る甘辛×塩味の黄金コンビ

じゃが芋のレンジ加熱は周囲がやわらかくなる程度にとどめ、フライパンで仕上げるとホクホクの食感に。

作り方

1 じゃが芋は皮つきのままよく洗ってラップで包み、電子レンジで3分加熱する。取り出して8等分に切る。

2 フライパンにオリーブオイルを熱し、1のじゃが芋を焼き色がつくまで焼き、塩、こしょうをふり、器に取り出す。

3 鮭は塩少々(分量外)を軽くふり、2のフライパンに並べ入れる。両面をこんがりと焼いて取り出す。

4 フライパンの余分な脂をキッチンペーパーでふき、Aを入れて煮立たせる。

5 3の鮭を戻してからませ、2のじゃが芋の上に盛る。

材料(4人分)

鮭(生・半分に切る)……4切れ
じゃが芋……2個
塩、こしょう……各少々
オリーブオイル……適量
A ┌ みりん……大さじ2
　 └ しょうゆ……大さじ1½

【おすすめ献立】 ◎ブロッコリーのチーズがけ(p59) または◎きのこの当座煮(p61)

7 主菜

つくね丼

具やつなぎの少ないゆるいたねを、適当に丸めて焼くだけなのに絶品！

「おなかぺこぺこには丼物が喜ばれます」

材料（4人分）

ご飯……丼4杯分
鶏ひき肉……300～350g
しょうゆ……小さじ1
塩……小さじ¼
A ┌ 卵……1個
長ねぎ（白い部分・みじん切り）……15cm
砂糖……小さじ1
└ 片栗粉……小さじ1
サラダ油……小さじ½
B ┌ みりん……大さじ3
└ しょうゆ……大さじ1
紅しょうが……適量

作り方

1 ボウルにひき肉を入れ、しょうゆ、塩を加えてよく混ぜ、Aを加えてさらによく混ぜる。
2 フライパンにサラダ油を熱し、1のたねを8等分して、小判形になるように手ですくって落とす。しっかり焼き色がついたら返し、両面を焼き、一度取り出す。
3 2のフライパンにBを入れて煮立たせ、2のつくねを戻してからめる。
4 丼にご飯を盛り、つくねを2つずつのせ、紅しょうがをのせる。

焼き色がしっかりつくまで焼くのがコツ。長ねぎが焦げ、ひときわ香ばしさがアップする。

【おすすめ献立】◎ブロッコリーとにんじんの温サラダ（p59）または◎ゆでキャベツのツナのレンジ煮がけ（p52、69）

8 主菜

豚肉とキャベツの重ね蒸し

ロールキャベツより簡単。片栗粉がのり代わりになるので崩れません

作り方

1 キャベツの芯は切り取って、薄切りにする。葉は洗ったときの水けをつけたままラップで包み、電子レンジで4分加熱する。

2 フライパンにバター大さじ1をちぎって散らす。1のキャベツを一面に広げ、玉ねぎ、にんじん、キャベツの芯を散らし、肉を広げてのせる。

3 軽く塩、こしょうをふり、片栗粉を薄くふる。さらに、野菜、肉を同様に重ね、いちばん上をキャベツでおおう。

4 残りのバター大さじ1を散らし、水カップ1（分量外）、コンソメスープの素を砕いて加え、ふたをして10〜15分蒸し煮にする。

5 水がほとんどなくなったらチーズを散らし、ふたをしてチーズが溶けるまで1〜2分煮る。

片栗粉がのりの役目をして具材が密着する。スープに溶け出し、適度なとろみもつく。

材料（4人分）

豚肩ロース薄切り肉……150g
キャベツ……½個（約600g）
玉ねぎ（薄切り）……¼個
にんじん（薄い短冊切り）……3cm
とろけるチーズ……大さじ3〜4
バター……大さじ2
塩、こしょう……各少々
片栗粉……適量
固形コンソメスープの素（チキン）……⅔個

【おすすめ献立】◎オクラのごまあえ（p64）　または◎もずくときゅうりの酢の物（p72）

9 主菜

チャーシューと白菜の中華煮込み

おいしいチャーシューが最高の調味料。さっと煮て、うまみを逃さずに

「理想を高くかかげない。市販品も上手に使って」

材料（4人分）

- チャーシュー（市販・2cm厚さに切る）……200g
- ゆで白菜（p52・ざく切り）……1/4個分
- サラダ油……大さじ1
- A
  - 水……カップ2 1/2
  - 顆粒鶏がらスープの素……小さじ2
- 片栗粉……大さじ1 1/2〜2
- ごま油……小さじ1

作り方

1. フライパンにサラダ油を熱し、水けをきったゆで白菜を入れ、薄く焦げ目がつくまで炒める。
2. Aを加え、中火で10分煮る。
3. チャーシューを加えて3〜4分煮て、片栗粉を同量の水（分量外）で溶いて回し入れ、とろみをつける。
4. ごま油を回し入れ、ひと混ぜして火を止める。

白菜は表面がほんのり焦げるくらいまで炒める。あまりひんぱんに動かさず、じっくり火を通す。

【おすすめ献立】◎はちみつかぼちゃ（p60）　または◎切り干し大根と昆布のサラダ（p71）

10 主菜

鶏肉とブロッコリーの炒め物

肉を一度取り出してから炒め合わせると、胸肉がやわらかく仕上がります

材料（4人分）

鶏胸肉（皮なし・1㎝厚さのそぎ切り）……1枚
ブロッコリー（小房に分けてゆでる）……250g
干ししいたけ（なければ生しいたけ）……3枚
にんにく（スライサーで薄切り）……1かけ
酒……小さじ1
塩……1つまみ
片栗粉……適量
A
- **オイスターソース**……大さじ3～4
- **砂糖**……小さじ½
- **こしょう**……少々

サラダ油……大さじ3
ごま油……小さじ2

作り方

1 干ししいたけは水でもどし、石づきを除いて4等分のそぎ切りにする。
2 鶏肉は酒、塩をからめ、薄く片栗粉をまぶす。
3 フライパンにサラダ油を熱し、鶏肉を入れ、色が変わる程度にさっと火を通したら一度取り出す。
4 残っている油でにんにくを炒め、香りが出たらブロッコリー、しいたけを加えて炒める。
5 3の鶏肉を戻し入れ、Aをよく混ぜ合わせて加え、軽く炒め合わせ、最後にごま油を回しかける。

鶏胸肉はかたくなりやすいので、あらかじめ表面だけ火を通し、仕上げにひと炒めするのがベスト。

【おすすめ献立】◎白菜の辛み炒め（p56）　または◎大根のゆかりあえ（p62）

COLUMN 1

食材選びと味つけのこと

家庭のごはんでは、食材にことさら凝る必要はないと思っています。有機食材や上質なものはもちろんよいでしょうが、価格が高く、調達するのも大変です。

野菜なら、スーパーにたくさん売られているものはその季節のもの。だから、何を買おうか迷ったときには、**売り場でいちばん目立つ場所に並べられた野菜にすれば、間違いありません。**旬の野菜は新鮮でみずみずしく、滋味があります。

魚は冷凍せず、買った日に調理するのがいちばん。**鮮度が大事ですから、どんな魚料理を作るか決めてから買うようにしてください。**決まっていなければ、よいものを見つけても買わないくらいの心づもりで。青背の魚は特に変色しやすいので、いわしはその日に煮る、みそ漬けも買った日に作るというクセをつけましょう。

この本の料理は作りやすさを重視して、身近な材料と基本的な調味料で作れるようにしています。ときには、市販の専用調味料やお総菜に頼ることがあってもいいけれど、かなり味が濃いのが心配です。

特別な味を求めなくても、家にある食材で十分おいしいものは作れます。長年食事を作ってみて、食べ続けられる味、飽きない味は、なんてことはない、普通のものだとつくづく思います。

小さなお子さんがいる家庭は、薄味を心がけてください。ベビーフードの味を考えればわかるでしょう? 鶏のつくねやポークソテーなどは、たれやソースが煮詰まる前に取り分けるといった配慮を。

ゆでただけのキャベツ、にんじん、かぼちゃでも自然の甘みがあるので、うちの孫はそのままでパクパク食べてくれます。凝った味つけなどいらないのです。**薄味に慣れ、素材の持ち味がわかる舌は、一生の財産になりますよ。**

Part 2

素材別の主菜メニュー

メニューは、素材から発想するのがいちばん自然で迷いません。「今日は鶏肉！」とすぐ選べるように、素材別に主菜を紹介します。どこのスーパーでも買える素材だから、今日からでも作れますよ。

豚肉

豚肉のスピード煮

肉を切る必要はありません。煮物でこの早さは助かります

材料（4人分）

豚肩ロース薄切り肉……300～350g
A
- 酒……70ml
- しょうゆ……大さじ2
- 砂糖……大さじ1
- 水……カップ1～1½

万能ねぎ（5cm長さの斜め切り）……1わ
味つけ卵（p45）……4個

作り方

1 鍋にAを入れて煮立て、豚肉を3～4回に分けて泳がすように火を通し、色が変わったらそのつど取り出す。すべて加熱したらあくを取る。

2 万能ねぎを加え、さっと煮たら、1の豚肉を戻して温める。

3 器に盛り、半分に切った味つけ卵を盛り合わせる。

肉に火が通りすぎないので、縮んでかたくもならず、ボリュームのあるジューシーな仕上がりになる。

「切る時間だって惜しい。忙しいときはそんなものよ」

【おすすめ献立】 ◎焼き大根 （p57） または◎にんじんのマリネ （p58）

豚肉と野菜の五目炒め

このたれを作っておけば、ただの肉野菜炒めがごちそうになりますよ

材料（4人分）

豚しょうが焼き用肉（7〜8㎜幅の細切り）……150g
キャベツ（1㎝幅の細切り）……¼個（300g）
玉ねぎ（薄切り）……½個
にんじん（5㎜幅の細切り）……⅓本
きくらげ（乾燥）……3g
塩、こしょう……各少々
味つけだれ……大さじ2

【味つけだれ（作りやすい分量）】
- しょうゆ……大さじ4
- オイスターソース……大さじ3
- 酒……大さじ2
- 砂糖……小さじ1〜2
- にんにく（すりおろす）……1かけ

サラダ油……大さじ1

作り方

1. きくらげは熱湯につけてもどし、石づきを除いて2〜3等分に切る。
2. 豚肉は軽く、塩、こしょうをふる。
3. フライパンにサラダ油を熱し、豚肉を炒める。
4. 豚肉の色が変わったらにんじんを加え、少ししんなりしたら残りの野菜ときくらげを加え、終始強火で炒める。
5. 味つけだれをよく混ぜ合わせ、大さじ1ずつ分けて加え、からませる。

へらを両手に持ち、底から返すように炒める。たれは2回に分け、水分をとばしてから次を加えると水っぽくならない。

【おすすめ献立】 ◎みそ炒り卵（p45） または◎味つけ卵（p45）

チーズは肉に隠れるよう適当に折って。チーズを入れると、脂の少ないヒレ肉がパサつかない。

作り方

1 豚肉は1.5cm厚さで8枚に切り分け、真ん中に切り目を入れて開く。Aをよく混ぜ合わせてもみ込み、下味をつける。

<<< 2 チーズを4等分にちぎり、肉の切れ目にはさむ。

3 2の表面に片栗粉をまぶす。

4 フライパンにサラダ油を熱し、3の豚肉を入れて約3分焼き、上にごまをふって返す。

5 さらに2分焼き、焼き色がついたらサラダ菜をしいた器に盛る。

材料（4人分）

豚ヒレ肉	350g
A 酒	小さじ2
A しょうゆ	小さじ1
A しょうがのしぼり汁	小さじ1
スライスチーズ（とろけるタイプ）	2枚
片栗粉	大さじ4
いり白ごま	大さじ2
サラダ油	大さじ1
サラダ菜	4～5枚

「一皿で野菜もとれる。そんな料理がありがたいのよ」

豚ヒレ肉のごま焼き

ヒレカツ以外のおいしい食べ方を試してみて。子どもも大好きな味です

【おすすめ献立】 ◎スパサラダ（p68） または◎ミックスビーンズのサラダ（p66）

高菜マーボー豆腐

たっぷりの高菜のうまみが調味料代わりです。
辛さは豆板醤の量でお好みに

材料（4人分）

豚ひき肉……100g
豆腐（2cm角に切る）…大1丁（450g）
高菜漬け……150g
A しょうが（みじん切り）…1かけ
　にんにく（みじん切り）…1かけ
豆板醤……小さじ2
水……カップ1
しょうゆ……大さじ1
片栗粉……大さじ1½
サラダ油……大さじ1
ごま油……小さじ1～2

作り方

1 高菜は葉を広げ、長さを2～3等分に切り、重ねて縦に2cm幅に切って、粗みじん切りにする。
2 1の高菜を水につけて手でもみ、塩抜きする。これを2回行う。
3 フライパンにサラダ油を熱し、Aを入れ、香りが立ったらひき肉を加えて色が変わるまで炒める。肉の脂が澄んだら、豆板醤を加えて炒める。
4 分量の水を加え、煮立ったら2の高菜、豆腐、しょうゆを加え、2～3分煮る。
5 片栗粉を同量の水（分量外）で溶いて回し入れ、とろみがついたらごま油を回し入れる。

高菜は葉が横に大きいので、細かく切りたいときは縦横の両方向で切る。

【おすすめ献立】 ◎小松菜のガーリック炒め（p54） または◎もやしとツナの炒め物（p64）

「作りおきは
できるだけ
手軽なものを」

鶏肉

蒸し鶏

これ以上ないくらい手軽ですが、マヨソースで抜群においしい一品

材料（4人分）

鶏胸肉（余分な脂を除く）	2枚
塩	小さじ½
酒	大さじ1
長ねぎ（青い部分）	10cm
しょうがの薄切り	4〜5枚
レタス	適量
A マヨネーズ	大さじ4
A しょうゆ	大さじ⅔
A 砂糖	小さじ1〜1½

作り方

1 鶏肉は塩をふって5分おく。

2 1の鶏肉を皮目を下にして耐熱皿に入れ、酒をふり、長ねぎ、しょうがをのせ、ラップをかけて電子レンジで4分加熱する。返してさらに2〜3分加熱する。

3 ラップをかけたまま粗熱を取る。急ぐときは別の器に移し、ラップをかける。

4 3の蒸し鶏を1.5cm幅のそぎ切りにし、レタスとともに器に盛る。Aをよく混ぜ合わせてソースを作り、かける。

レンジ加熱した耐熱皿のままだと冷めにくいので、別の器に移してスピードアップ。前の晩に作りおいてもいいおかず。

【おすすめ献立】 ◎白菜の辛み炒め（p56） または◎麩の卵とじ（p70）

鶏肉とピーマンの辛み炒め

にんにくの香りが食欲をそそります。家で作る中華は簡単がいちばん！

材料（4人分）

鶏もも肉（余分な脂を除く）……2枚
長ねぎ（1cm幅の斜め切り）……1/2本
ピーマン（へたと種を除き乱切り）……3個
酒……小さじ1
しょうゆ……小さじ1
片栗粉……大さじ1
A 赤唐辛子（種を除く）……2本
　しょうが（薄切り）……1かけ
　にんにく……1かけ
B 酒……大さじ2
　しょうゆ……大さじ1 1/2
　砂糖……小さじ2弱
　酢……小さじ1〜2
サラダ油……大さじ2

作り方

1 鶏肉は一口大に切り、酒、しょうゆをもみ込み、片栗粉をまぶす。
2 Aのにんにくは包丁の刃でつぶす。
3 フライパンにサラダ油を熱し、1の鶏肉を炒め、焼き色がついたら一度取り出す。
4 キッチンペーパーでフライパンの脂を少しふき取る。
5 Aを入れて炒め、香りが立ったら長ねぎ、ピーマン、3の鶏肉を加えてさっと炒め合わせる。
6 Bをよく混ぜ合わせて回し入れ、ひと混ぜする。

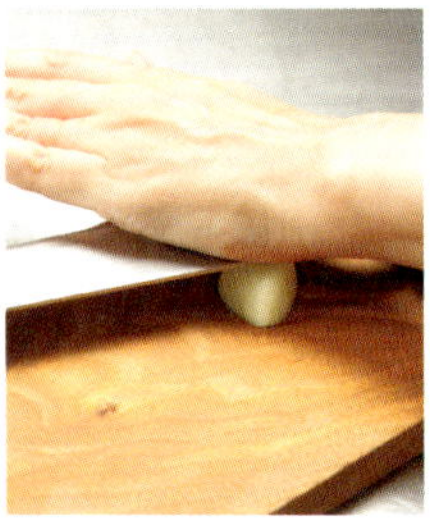

包丁の刃の根元を水平にしてにんにくの上にのせ、一気に叩くとにんにくに割れ目が入る。

【おすすめ献立】 ◎小松菜のお浸し（p54） または◎白菜のごまあえ（p56）

鶏のすき煮

鶏肉を一度出して、ふっくら仕上げます。
絶対外さないおなじみの味！

材料（４人分）

鶏もも肉（2cm幅のそぎ切り）……２枚
玉ねぎ（1cm幅に切る）……大１個
しらたき（ゆでてざるに上げる）……大１袋（300g）
A 酒……カップ½
みりん……カップ½
しょうゆ……大さじ５～６
砂糖……小さじ１
溶き卵、山椒……各適宜

作り方

1 鍋にAを煮立て、鶏肉を４～５枚ずつ入れて色が変わるまで煮て、そのつど取り出す。
2 １の鍋に玉ねぎ、しらたきを加え、４～５分煮る。
3 １の鶏肉を戻し入れ、全体に味がしみるまで煮る。好みで山椒をふったり、溶き卵につけて食べてもおいしい。

「気に入ったら
何度も作って。
得意料理に
なっていくわよ」

【おすすめ献立】◎ブロッコリーのチーズがけ（p59）　または◎かぼちゃのヨーグルトソース（p60）

牛肉

牛肉とにんじんの炒め煮

にんじんを先に加熱すると甘みが増します。牛肉との相性のよさに驚くはず

「少ない材料がおいしい料理もあるの」

材料（4人分）

牛こま切れ肉	300g
にんじん（縦長の乱切り）	1本
砂糖	小さじ1
A 酒	カップ½
A しょうゆ	大さじ1½

作り方

1 にんじんは大きめの耐熱皿に並べて水大さじ2（分量外）をふり、ラップをかけて、電子レンジで3分加熱する。

2 フライパンを熱して牛肉を炒め、肉の色が変わったら一度取り出す。

3 2のフライパンに1のにんじんを水けをきって加え、炒めたら、砂糖をからませる。

4 2の牛肉、Aを加え、強火で汁けがなくなるまで炒め煮にする。

にんじんはあらかじめレンジ加熱しておくと、本来の甘みが引き出され、味もしみ込みやすい。

【おすすめ献立】 ◎豆腐と揚げ玉の煮物（p44） または◎もずくときゅうりの酢の物（p72）

牛肉とスナップえんどうの炒め物

食感を楽しめて、味のしみた春雨が絶品！ 家族が大好きな一皿です

スナップえんどうはカーブの側を手前にして持ち、先端に包丁を入れ、筋を引く。下までいったら再び先端を切り、同じように反対側の筋を引く。

材料（4人分）

- 牛焼き肉用肉（5㎜厚さ）……200g
- スナップえんどう……200g
- 春雨（熱湯につけてもどす）……50g
- にんにく（薄切り）……1かけ
- A
  - しょうゆ……小さじ½
  - 酒……小さじ1
- 片栗粉……小さじ1
- B
  - しょうゆ……大さじ1～1½
  - オイスターソース……大さじ1½
  - 砂糖……小さじ½
  - こしょう……少々
  - 水……カップ⅓
- サラダ油……大さじ1½
- ごま油……小さじ2

作り方

1. スナップえんどうは筋を除き、塩少々（分量外）を入れた熱湯で約1分ゆでる。冷水にとって冷まし、ざるに上げる。
2. 春雨は水けをきり、食べやすい長さに切る。
3. 牛肉はAをもみ込み、片栗粉をまぶす。
4. フライパンにサラダ油大さじ1を熱し、にんにくを炒め、香りが立ったら3の牛肉を加え、肉の色が変わったら一度取り出す。
5. フライパンに残りのサラダ油を足して2の春雨を炒め、Bを加え、汁けが½量になるまで炒め煮にする。
6. 4の牛肉を戻し入れ、1のスナップえんどうを加えて手早く炒める。ごま油を回し入れて混ぜる。

【おすすめ献立】◎味つけ卵（p45） または◎大根のゆかりあえ（p62）

手軽に作れる魚の主菜

忙しい食卓では登場しにくい魚介料理。
でも切り身以外も、魚売り場で下処理を頼めば
ハードルはぐっと下がりますよ。
まずは、シンプルな味つけで作りやすい
レシピから試してみてください。

まぐろの山かけ丼

新鮮な赤身のお刺身でごちそう丼。
さく一つで家族4人が満腹になります

材料（4人分）

ご飯		丼4杯分
まぐろ（刺身用・赤身）		150～200g
長芋		350g（15～18cm）
卵		1個
A	水	小さじ1
	しょうゆ	小さじ½
	塩	小さじ½
	顆粒和風だしの素	1つまみ
しょうゆ		大さじ1
青のり（粉末）		少々
練りわさび		少々

作り方

1. Aをよく混ぜ合わせる。
2. 長芋はすりおろし、Aを加えて混ぜ、卵を割り入れてよく混ぜ合わせる。
3. まぐろはそぎ切りにし、しょうゆをからめる。
4. 丼にご飯を盛り、2のとろろをかけ、3のまぐろをのせる。青のりを散らし、わさびを添える。

皮をむいた長芋はキッチンペーパーで巻いて持つと、滑らずにすりおろしやすく、かゆみ防止にも。

【おすすめ献立】 ◎はちみつかぼちゃ（p60） または◎なすのお浸し（p62）

「食事って、
やっぱり見た目も大事。
目で満足させたら、
半分成功ね」

ぶりのみそ漬け

少量のみそを塗りつけるだけ。照り焼きより手軽で、味が決まりやすい！

素材別の主菜メニュー 魚

材料（4人分）

ぶり（切り身）	4切れ
塩	小さじ½
A　みそ	大さじ4
酒	大さじ2
砂糖	大さじ2
大根（縦長の三角形に切る）	5cm

作り方

1. ぶりは塩をふり、表面に水分が出てきたら、キッチンペーパーでふく。
2. Aをよく混ぜ合わせ、ぶり全体に塗りつける。ラップをかけ、冷蔵庫に1～3日おく。
3. みそをぬぐい落とし、魚焼きグリルで焼く。器に盛り、大根を添える。

ぶりの入っていたトレイを再利用すれば、漬け魚も気軽にできる。洗い物も出ずラク。

【おすすめ献立】　◎ミックスビーンズのサラダ（p66）　または◎キャベツのコンビーフ炒め（p69）

ごまいわし

魚売り場で下処理してもらえば煮るだけ！　甘辛味とごまの風味がよく合います

「思っていたより難しくない。そんな料理はたくさんあるの」

材料（4人分）

真いわし（刺身用・頭、尾、内臓を除いたもの）……8尾

A
- 水……カップ½
- 酒……カップ½
- 砂糖……大さじ4
- しょうゆ……大さじ3

梅干し……1個

すり白ごま……大さじ2〜3

作り方

1 いわしは水でよく洗い、キッチンペーパーで水けをふく。

2 フライパンにAを入れて煮立て、1のいわしを並べ入れる。

3 梅干しを加え、中火で10〜15分煮る。煮上がりが近くなったら、煮汁をすくい、上からかけて味をからめる。

4 器に盛り、すりごまをかける。

いわしがちょうどおさまるフライパンを選べば、煮ている間に動かず、きれいに仕上がる。

【おすすめ献立】◎キャベツとわかめのサラダ（p55）または◎切り干し大根と昆布のサラダ（p71）

白身魚の甘酢あん

淡白で味けなくなりがちな白身魚の料理も、トマトと濃いめの味で新鮮に

「食事作りは味も栄養も考えるから、大変よね」

材料（4人分）

白身魚（さわら、たらなど）……4切れ
トマト（8等分のくし形切り）……1個
塩、こしょう……各少々
片栗粉……適量
【合わせ調味料】
- 酢……大さじ3
- 砂糖……大さじ3
- しょうゆ……大さじ2½
- トマトケチャップ……大さじ1
- 水……大さじ1
- 片栗粉……小さじ1½

サラダ油……大さじ2½

作り方

1. 魚は1切れを4等分に切り、軽く塩、こしょうをふり、全体に薄く片栗粉をまぶす。
2. フライパンにサラダ油大さじ2を熱し、1を両面焼き、一度取り出す。
3. フライパンをキッチンペーパーできれいにふいたら、残りのサラダ油を熱し、トマトをさっと炒め、2の魚を戻し入れる。
4. 合わせ調味料をよく混ぜ合わせて加え、とろみがつくまで煮る。

先に片栗粉をまぶして油で焼けば、パサつきを防ぎ、食べごたえもアップ。味もよくからむ。

【おすすめ献立】◎小松菜のガーリック炒め（p54）または◎大根のゆかりあえ（p62）

COLUMN 2

冷凍の使いこなし方

「冷凍」は、保存期間も長く使い勝手のいい手段です。忙しい生活には欠かせないテクニックですね。でも、いつ食べるかわからない食材をとりあえず保存したり、冷凍食品を詰め込んだりしているだけなら、使いこなしているとはいえません。

もっとも有効な使い方は、肉の冷凍。肉は冷凍してもあまり味が落ちないので、**その日使わないものは買い物袋から出して冷凍庫へ直行させる習慣をつけましょう。**日をおいてからではダメですよ。時間経過とともに変色して味が落ちるので(特にひき肉)、買ったらすぐ冷凍。ここで、一瞬たりとも迷わないことがポイントです。選ぶなら、なんにでも応用できて、素早く解凍できる薄切り肉がおすすめです。**間違っても、かたまり肉は冷凍しないこと。**解凍に時間がかかるので、いつまでも出番がないということになりかねません。

冷凍する際はラップなどでぴったり覆って空気を遮断するのが理想的ですが、忙しい人にはその時間も惜しい。**パックのままでいいのです。**小分けしたいなら、小パックを買えばその手間すらいりません。

ちょうどよく解凍するのが難しいと、冷凍を敬遠する人もいるようですが、使う直前に解凍しようとしてはいけません。レンジでも、加熱ムラができてしまいます。**使う前の晩か朝に冷蔵庫に移しておく。**使う頃には解凍ができているので、この方法がいちばんです。ただ、どうしても解凍時にドリップが出るので、キッチンペーパーでしっかりふき取ってから使いましょう。

冷凍庫で鮮度が落ちない目安は、食材に霜がつく前の2~3週間。それまでに使い切るのを心がけること。

ため込むための保存庫ではなく、使うためのスタンバイの場所、そう考えればこれほど助かる存在はありません。

豆腐と卵

豆腐のそぼろあん

豆腐はレンジで温めて、あんの野菜も薄切りだから、ほんとに手早くできます！

材料（4人分）

豆腐（絹ごし）……1丁（350g）
鶏ひき肉……100g
玉ねぎ（薄切り）……⅓個
にんじん（細切り）……¼本
生しいたけ（石づきを除いて薄切り）……4個
水……カップ1½
めんつゆ（ストレートタイプ）……大さじ4
片栗粉……大さじ1
しょうが（すりおろす）……1かけ

作り方

1. 鍋にひき肉、分量の水、めんつゆを入れて火にかけ、箸でほぐしてパラパラになるまで煮る。
2. 煮汁が透んだら、あくを除き、野菜としいたけを加えて3～4分煮、片栗粉を倍量の水（分量外）で溶いて回し入れ、とろみをつける。
3. 豆腐はキッチンペーパーで水けをふき、食べやすくちぎる。大きめの耐熱皿に並べてラップをかけ、電子レンジで3分加熱し、水けをきる。
4. 器に3の豆腐を盛り、2のあんをかけ、しょうがをのせる。

豆腐は温まる程度でいいので、電子レンジを利用して手早く。水分もきれ、味がぼやけない。

【おすすめ献立】　◎かぼちゃのヨーグルトソース（p60）　または◎もやしとツナの炒め物（p64）

豆腐は焼くうちに水けが出てくるので、一枚一枚水きりを。キッチンペーパーに水分を吸わせる。

作り方

1 豆腐は横に8等分に切り、それぞれキッチンペーパーで水けをふき、全体に小麦粉をまぶす。
2 フライパンにごま油を熱し、豆腐を溶き卵にくぐらせて並べ入れる。
3 卵に火が通るまで、両面をこんがりと焼き、器に盛る。
4 Aをよく混ぜ合わせてたれを作り、かける。

材料（4人分）

豆腐（木綿）……1丁（350g）
卵（溶きほぐす）……2個
小麦粉……適量
A ザーサイ（粗みじん切り）……大さじ3
　玉ねぎ（粗みじん切り）……1/4個
　ポン酢……大さじ1
ごま油……大さじ1 1/2

豆腐の中華ピカタ

油で焼くと豆腐も主役級になりますよ。このたれはいろいろ使えて便利

「ときには軽くてやさしい主菜がしみじみおいしいの」

【おすすめ献立】◎小松菜のガーリック炒め（p54）　または◎ブロッコリーとにんじんの温サラダ（p59）

たこの卵焼き

明石焼きをもっと簡単にと考えたレシピです。ふわふわ感がたまりません

材料（4人分）

卵（溶きほぐす）……4個
ゆでだこ（薄いそぎ切り）……100～150g
A［水……大さじ4
　 小麦粉……大さじ4
塩……小さじ½弱
（たこの塩分によって調節）
サラダ油……大さじ2

作り方

1 ボウルにAをよく混ぜ合わせ、溶き卵を加えてさらに混ぜ合わせる。
2 塩、たこを加えてざっと混ぜる。
3 小さめのフライパンにサラダ油を熱し、2の卵液を流し入れ、オムレツを作る要領で、箸で大きく混ぜ、8～9割方火を通す。
4 返して中まで火を通し、たこが見える面を上にして器に盛る。

最初に小麦粉の生地を作ってから卵を加えて混ぜるとまんべんなく混ざり、ダマにもならない。

【おすすめ献立】　◎白菜のごまあえ（p56）　または◎ブロッコリーとにんじんの温サラダ（p59）

ズッキーニのフリッタータ

材料を切って混ぜればフライパンまかせ。ボリュームもたっぷりです

「安くていつもある卵は家庭料理の強い味方よ」

材料（4人分）

卵（溶きほぐす）……4個
ズッキーニ（薄い輪切り）……1本（約150g）
玉ねぎ（薄切り）……大½個
塩、こしょう……各小さじ⅓
オリーブ油……大さじ2
トマトケチャップ……適宜

作り方

1 小さめのフライパンにオリーブ油の半量を熱し、玉ねぎをしんなりするまで炒める。
2 ズッキーニを加え、透明になるまで炒め、軽く塩、こしょう（分量外）をふる。
3 残りのオリーブ油を2のフライパンに加え、溶き卵に塩、こしょうをして流し入れる。卵液を箸で大きく混ぜながら加熱し、表面の卵液が流れない状態になったら、フライパンに皿をかぶせて返し、移す。
4 皿から滑らせるようにもう一度フライパンに戻し、さっと焼く。
5 後で焼いた面を上にして取り出し、粗熱が取れたら8等分に切る。好みでケチャップを添える。

【おすすめ献立】 ◎マカロニ＆チーズ（p68） または◎スパサラダ（p68）

豆腐と揚げ玉の煮物

揚げ玉の2つの食感が絶妙。これだけですが立派におかずになります

材料（4人分）

豆腐（絹ごし）……1丁（350g）
揚げ玉（市販）……30g
水……カップ1
めんつゆ（ストレートタイプ）……大さじ2
一味唐辛子……適量

揚げ玉は袋入りのものではなく、総菜コーナーや天ぷら店で売られている新鮮なものを選んで。

作り方

1 豆腐はキッチンペーパーで水けをふいてから、大きめのさいの目に切る。
2 鍋に分量の水、めんつゆを入れて火にかけ、煮立ったら1の豆腐を加え、さっと煮る。
3 揚げ玉の½量を加える。
4 器に盛って煮汁をかけ、残りの揚げ玉を上から散らし、一味唐辛子をふる。

みそ炒り卵

卵とみその甘辛ハーモニーが
白いご飯に合います。
みそはかたまりを少し残して

材料（4人分）

卵	4個
みそ	小さじ2強
砂糖	大さじ1⅓
サラダ油	大さじ1

作り方

1 ボウルに卵、砂糖をよく混ぜ合わせる。
2 フライパンにサラダ油を熱し、みそを油になじませるように炒める。
3 1の卵液を流し入れ、木べらなどで大きく混ぜ、卵が少しとろりとした状態で火からおろす。

味つけ卵

作っておけば、なにかと
助かります。おかずにも
お弁当にも大活躍

材料（作りやすい分量）

ゆで卵（かたゆで）		4個
A	しょうゆ	大さじ1
	酒	大さじ1
	砂糖	小さじ½

作り方

1 ゆで卵は殻をむいて水けをふき、十分冷ましてからポリ袋に入れ、Aを加えて混ぜる。
2 ポリ袋の空気を抜いて口を結び、冷蔵庫におく。ときどき卵の位置を動かすと、まんべんなく味がつく。

ポリ袋を使えば、少量の調味料で味がつく。そのために、空気をしっかり抜くのがポイント。冷蔵庫で3〜4日保存可能。

Part 3

揚げ物はお助けメニュー！

揚げ物は面倒だと避けているなら、もったいありません。揚げるだけでたいていの食材は格上げされて、家族は大喜び。調理時間の点でもスピード料理に入るのですから、主菜重視の食卓にはありがたい存在です。

チキンカツ

淡泊な鶏胸肉が、家族みんなのごちそうに

材料（４人分）

鶏胸肉（皮を除く）	小さめ４枚
塩、こしょう	各少々
卵（溶きほぐす）	1個
小麦粉、パン粉	各適量
キャベツ（スライサーでせん切り）	1/4個
トマト（くし形切り）	1個
揚げ油	適量
中濃ソース	適量

作り方

1 鶏肉は厚みのある部分に包丁を入れて切り開く。
2 塩、こしょうをふり、小麦粉、溶き卵、パン粉の順に衣をつける。
3 揚げ油を170℃に熱し、約3分揚げ、返してさらに2分揚げる。
4 キャベツは水にとって、ざるに上げる。器にキャベツ、トマトを盛り、食べやすく切り分けたチキンカツを盛り合わせ、ソースをかける。

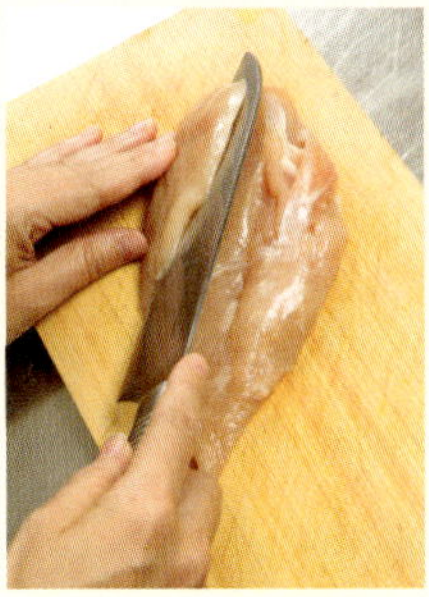

肉の厚い部分に水平に包丁を入れ、観音開きにして厚みを均等にすると、火が均一に通る。

小さくて深めの鍋なら揚げ油も少ない！

揚げ物に愛用している鍋は、直径22㎝の深めのフライパン。小さめの鍋なら、少ない油でも深さが出て揚げやすい。揚げ終わった油は、キッチンペーパーでこしてから瓶で保存。量が少ないので、炒め物などで使い切れる。

「一皿でも
文句なし！
揚げ物は
万能選手です」

【おすすめ献立】 ◎大根のゆかりあえ（p62） または◎きのこの当座煮（p61）

チーズ豚天

すぐに火が通るから失敗しません。チーズの溶け具合にだけ気をつけて

「揚げ物には華があるの。家族みんなが大満足よ」

材料（4人分）

豚薄切り肉……300g
プロセスチーズ（切れてるタイプ）……8枚
ピーマン（へたと種を除いて縦4等分に切る）……2個
【衣】
- 卵（溶きほぐす）……1個
- 小麦粉……大さじ5〜6
- 片栗粉……大さじ5〜6
- 冷水……80ml

揚げ油……適量
カレー粉、塩（混ぜる）……各適量

作り方

1. チーズは1切れを3等分に切る。
2. 豚肉を広げてチーズを1つずつのせて巻き、これを24個作る。
3. 衣を作る。冷水に溶き卵を加えて混ぜ、粉類を加えてダマが残る程度にざっと混ぜる。
4. 揚げ油を180℃に熱し、2の肉を3にくぐらせて3※〜5分揚げる。ピーマンも同様に揚げる。
5. 器に盛り、カレー粉と塩を添える。

※すぐに火が通るので、1つ揚げて切ってみて、加熱時間の目安をつけてからすべてを揚げる。

巻き方はチーズが隠れればOK。肉は小さかったら重ね、大きかったら切って調節する。全体で肉の厚みをそろえて。

フライドチキン

切り目を入れて揚げ時間を短くします。家で作るフライドチキンは最高！

キッチンばさみで骨に沿って切り進め、太い部分は骨の両脇に、Y字になるよう切り目を入れる。

作り方

1 手羽元は皮の薄いほうにキッチンばさみで切り目を入れ、開く。
2 開いた部分にAをふり、切れ目を閉じて元の形に戻す。
3 全体にしょうゆをからめ、片栗粉をまぶす。
4 じゃが芋はよく洗ってラップで包み、電子レンジで3分加熱し、皮つきのままくし形に切る。
5 揚げ油を170℃に熱し、4のじゃが芋を約2分揚げ、続けて3の手羽元を5～6分揚げる。器に盛り、トマトケチャップ、レモンを添える。

材料（4人分）

鶏手羽元……8本
A ┌ 塩……小さじ½
　│ 砂糖……小さじ½
　│ ガーリックパウダー……適量
　└ 粗挽き黒こしょう……適量
しょうゆ……大さじ1
片栗粉……大さじ6～7
じゃが芋……2個
揚げ油……適量
トマトケチャップ、レモン……各適量

 【おすすめ献立】 ◎キャベツのスープ煮（p55） または◎ピーマンの甘辛煮（p63）

かじきのスティックフライ

下処理や生ぐささという、魚料理のマイナス要素がないごちそうです

「魚ぎらいでも食べられる。揚げ物のマジックね」

長さがとれるように棒状に切る。切り身の厚さには差があるので、薄めの場合は揚げすぎないように注意。

作り方

1 かじきはキッチンペーパーで水けをふき、2.5cm幅のスティック状に切り、全体に塩、こしょうをふる。
2 小麦粉、溶き卵、パン粉の順に衣をつける。
3 揚げ油を180℃に熱し、2のかじきを約2分揚げ、器に盛る。
4 タルタルソースの材料をよく混ぜ合わせ、3にかける。

材料（4人分）

かじき（生）	4切れ
塩、こしょう	各少々
小麦粉、パン粉	各適量
卵（溶きほぐす）	1個
揚げ油	適量

【タルタルソース】

ピクルスのみじん切り（市販の瓶詰）	大さじ2
玉ねぎのみじん切り	大さじ2
マヨネーズ	大さじ5

【おすすめ献立】 ◎焼き大根（p57）または◎はちみつかぼちゃ（p60）

鮭と野菜の揚げ漬け

揚げたての鮭の熱とうまみで、
生の野菜がたっぷりおいしく食べられますよ

材料（4人分）

- 鮭（生・4等分に切る）……4切れ
- きゅうり……1本
- 長ねぎ（白い部分）……⅔本
- にんじん……⅓本
- 塩……少々
- 片栗粉……適量
- 揚げ油……適量

【漬けだれ】

- しょうが（みじん切り）……2かけ
- 赤唐辛子の小口切り……小さじ½
- 酢……大さじ4
- しょうゆ……大さじ3
- 砂糖……大さじ3

作り方

1. 漬けだれの材料をよく混ぜ合わせる。
2. 鮭は軽く塩をふり、薄く片栗粉をまぶす。
3. きゅうりは縦半分に切り、長ねぎとともに7～8㎜幅の斜め切りにする。にんじんは縦半分に切って、斜め薄切りにする。
4. 大きめのボウルに長ねぎ、きゅうり、にんじんを順に重ねて入れる。
5. 揚げ油を180℃に熱し、2の鮭を1～2分揚げ、油をきって4のボウルに加える。
6. 鮭が熱いうちに1の漬けだれをかけ、全体を混ぜる。

揚げたての鮭を野菜の上にのせることで熱が伝わり、しんなりとして食べやすくなる。野菜はかたいものをいちばん上に。

【おすすめ献立】 ◎小松菜のお浸し（p54）または◎大根のみそ汁（p57）

Part 4

野菜はゆでておく

冷蔵庫にゆでた野菜があれば、本当に気がラクです。
何もつけずにそのまま食べてもおいしいし、
さっともう1品作るのも簡単だから、
「野菜をとらなくちゃ」と悩まなくなります。
おすすめはこの7種類。展開料理と合わせてどうぞ。

小松菜

●基本の量……1わ

根元は切り離さずにゆでて、保存すると扱いやすい。あくがないので変色もしない。

加熱&保存法

1 小松菜はよく洗い、特に株の根元の泥を落とす。根元は切り落とさない。
2 湯を沸かして塩小さじ1を入れ、小松菜を2〜3株ずつそれぞれ15秒ゆでる。そのつど水にとって十分冷ます。
3 水けをしっかり絞り、キッチンペーパーをしいた密閉容器で保存する。

白菜

●基本の量……¼個

ゆでて水分を抜くことでかさが減り扱いやすくなり、白菜本来の甘みが強まる。

加熱&保存法

1 白菜は芯を除く。
2 熱湯に塩小さじ1を入れ、3〜4枚ずつ30秒ゆでたら、そのつど水にとって十分冷ます。
3 水けをしっかりきり、キッチンペーパーをしいた密閉容器で保存する。

キャベツ

●基本の量……½個

切らないでおくと使い道が広い。ゆでキャベツを炒め物に使うと、端が焦げない。

加熱&保存法

1 キャベツは芯を除く。
2 熱湯に塩小さじ1を入れ、大きな葉は3〜4枚ずつ、芯に近い部分は軽く葉と葉をはがし、それぞれ30秒ゆでる。そのつど水にとって十分冷ます。
3 水けをしっかりきり、キッチンペーパーをしいた密閉容器で保存する。

にんじん

●基本の量……2本

にんじんはレンジ加熱が最適。甘みが引き出され、そのままで十分おいしい。

加熱&保存法

1 にんじんは皮をむき、2〜2.5㎝の乱切りにする。
2 大きめの耐熱皿に並べ、水大さじ4をふりかけ、ラップをかけて電子レンジで5分加熱する。ラップをはずし、にんじんを転がして水分をまぶす（こうするとにんじんが縮まない）。
3 十分冷ましてから、キッチンペーパーをしいた密閉容器で保存する。

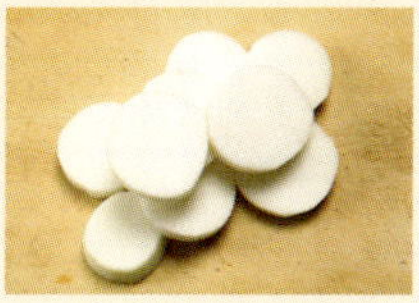

大根

●基本の量……½本

加熱時間がかかる野菜だからこそ、あらかじめゆでておくとスピード調理が可能。

加熱&保存法

1 大根は1㎝厚さの輪切りにし、皮をむく。
2 鍋にかぶるぐらいの水とともに入れ、煮立ってから8分ほどゆでる。竹串が通る程度で、やわらかくなりすぎないように。
3 十分冷ましてから水けをきり、キッチンペーパーをしいた密閉容器で保存する。

かぼちゃ

●基本の量……¼個

かぼちゃは時期と種類により加熱時間が違ってくるので、必ず途中で様子を見て加減すること。

加熱&保存法

1 かぼちゃは種を除き、横半分に切る。ところどころ皮をむき、2㎝厚さに切る。
2 大きめの耐熱皿に並べ、水大さじ2をふりかけ、ラップをかけて電子レンジで4分加熱する。竹串を刺してみて、かたいようならさらに加熱する。
3 十分冷ましてから、キッチンペーパーをしいた密閉容器で保存する。

ブロッコリー

●基本の量……1個

レンジ加熱もできるが、保存中に臭いが出る。お湯でゆでるほうが格段においしい。

加熱&保存法

1 ブロッコリーは小房に分ける。芯は皮をむき、長ければ半分に切り、縦4等分に切る。
2 熱湯に塩小さじ1を入れ、20秒ゆでたら、水にとって冷ます。
3 十分冷ましてから水けをきり、キッチンペーパーをしいた密閉容器で保存する。

小松菜のお浸し

細かく切るから格段に食べやすい。
あるとほっとする一品です

材料（4人分）

ゆで小松菜……基本の½量
だししょうゆ（市販）……大さじ4
削り節……適量

作り方

1 小松菜は根元を切り落とし、1cm長さに切る。
2 器に盛り、だししょうゆをかけ、削り節を散らす。

小松菜のガーリック炒め

塩炒めにはにんにくでパンチを。
混ぜすぎると水分が出るので注意して

材料（4人分）

ゆで小松菜……基本の½量
にんにく（スライサーで薄切り）……1かけ
塩、こしょう……各適量
サラダ油……大さじ2

作り方

1 小松菜は根元を切り落とし、3cm長さに切る。
2 フライパンにサラダ油を熱し、にんにくを炒め、香りが立ったら、小松菜を加えてさっと炒める。
3 塩、こしょうで調味する。

キャベツとわかめのサラダ

キャベツとわかめは相性抜群！
かにかまの味だしがきいています

材料（4人分）

ゆでキャベツ……基本の½量
わかめ（乾燥のカットタイプ・ぬるま湯でもどす）……5g
かに風味かまぼこ（軽くほぐす）……60g
A ┌ 水……大さじ2
　│ 酢……大さじ1
　│ 砂糖……小さじ2
　│ 塩……小さじ½弱
　└ 顆粒和風だしの素……1つまみ

作り方

1　キャベツはざく切りにする。
2　1をボウルに入れ、水けを絞ったわかめ、かに風味かまぼこを加える。
3　Aをよく混ぜ合わせて加え、あえる。

キャベツ

キャベツのスープ煮

薄味でやさしく仕上げました。
パンにも合うので朝食にぴったり

材料（4人分）

キャベツ……基本の⅓〜½量
玉ねぎ（薄切り）……½個
水……カップ1½
A ┌ 固形コンソメスープの素（チキン）……½個
　└ 塩……小さじ½
サラダ油……大さじ½
こしょう……少々

作り方

1　キャベツは5㎜幅に切る。
2　鍋にサラダ油を熱し、キャベツ、玉ねぎを炒めたら、分量の水、Aを加えて10分煮る。
3　器に盛り、こしょうをふる。

白菜の辛み炒め

辛さとほのかな酸味で食欲アップ。
献立のアクセントになります

材料（4人分）

ゆで白菜……基本の½量
赤唐辛子の小口切り……小さじ¼
A［しょうゆ……小さじ2
　 酢……小さじ2
サラダ油……小さじ1

作り方

1　白菜はざく切りにする。
2　フライパンにサラダ油を熱し、赤唐辛子を炒め、白菜を加えて炒める。
3　水分がなくなったらAを加え、さっとからめる。

白菜

白菜のごまあえ

ほんのり甘い味つけがおいしい。
ぜひ冬の白菜で作ってみて！

材料（4人分）

ゆで白菜……基本の½量
A［すり白ごま……大さじ4
　 しょうゆ……大さじ1
　 砂糖……小さじ2～3

作り方

1　白菜はざく切りにする。
2　ボウルにAをよく混ぜ合わせ、白菜を加えてあえる。

焼き大根

ほんのり焦げ目をつけて
香ばしさを出すのがコツです

材料（4人分）

ゆで大根……4枚
ポン酢……大さじ1～2
サラダ油……適量
一味唐辛子……適宜

作り方

1　大根は大きいものは半分に切る。
2　フライパンにサラダ油を熱し、大根を並べ入れ、焼き色がつくまで両面を焼く。
3　器に盛り、ポン酢をかけ、好みで一味唐辛子をふる。

大根

大根のみそ汁

大ぶりのジューシーな大根で
汁物がおかずになります

材料（4人分）

ゆで大根……基本の½量
油揚げ（縦半分に切り、5㎜幅に切る）……½枚
だし汁……カップ3
みそ……40～50g

作り方

1　大根は4等分に切る。
2　鍋にだし汁、大根、油揚げを入れ、煮立ったらみそを溶かし入れて調味する。

にんじんのマリネ

ゆでただけでもおいしいから、
極力シンプルな味つけで

材料（4人分）
ゆでにんじん……基本の½量
フレンチドレッシング……適量
パセリ（乾燥）……適宜

作り方
1　ゆでにんじんはドレッシングであえる。
2　器に盛り、あればパセリをふる。

にんじん

にんじんとソーセージのソテー

スティック姿が子どもにウケます。
このままお弁当にもどうぞ

材料（4人分）
ゆでにんじん……基本の¼量
ソーセージ（小さめの乱切り）……2〜3本
サラダ油……小さじ½

作り方
1　フライパンにサラダ油を熱し、ソーセージを炒める。
2　ソーセージとにんじんを1つずつスティックに刺す。

ブロッコリーの チーズがけ

チーズがとろ～り溶けた
そのタイミングで食卓へ！

材料（4人分）

ゆでブロッコリー……基本の量
とろけるチーズ……40g

作り方

1 ブロッコリーは耐熱容器に入れ、電子レンジで温める。
2 チーズを散らし、電子レンジでチーズが溶けるまで加熱する。

ブロッコリー

ブロッコリーと にんじんの温サラダ

にんじんをせん切りにするので、
ブロッコリーに味がからみます

材料（4人分）

ゆでブロッコリー……基本の量
にんじん（せん切り）……½本
しょうゆ……小さじ2
削り節……適量
サラダ油……大さじ½

作り方

1 フライパンにサラダ油を熱し、にんじんを炒める。
2 しんなりしたらブロッコリーを加えて炒め、しょうゆで調味する。
3 削り節をふりかけ、ひと混ぜする。

かぼちゃのヨーグルトソース

マヨネーズのこくとヨーグルトの
酸味で、最高のソースになります

材料（4人分）

ゆでかぼちゃ……基本の½量
A［マヨネーズ……大さじ3
　 ヨーグルト……大さじ3

作り方

1　かぼちゃを器に盛り、Aをよく混ぜ合わせてかける。

かぼちゃ

はちみつかぼちゃ

まろやかな甘辛味がからんで
おやつ代わりにもいいですよ

材料（4人分）

ゆでかぼちゃ……基本の½量
はちみつ……大さじ1
しょうゆ……小さじ1
サラダ油……小さじ1

作り方

1　フライパンにサラダ油を熱し、かぼちゃを並べ入れて焼く。
2　両面に焼き目がついたら、はちみつ、しょうゆを加え、からめる。

野菜の簡単おかず

ここでは生の野菜を使いますが、ぜひ紹介しておきたいレシピを集めました。手軽な野菜料理は、副菜に欠かせません。どれもおいしくて、2~3回作ればレシピを覚えられますよ。

きのこの当座煮

年中手に入りやすいきのこで作る一品。
ご飯にかけて食べてもおいしい

材料（作りやすい分量）

- しめじ……大1パック（約220g）
- えのきだけ……小1袋（約120g）
- 生しいたけ……1パック
- しょうが（せん切り）……1かけ
- A 酒……カップ$\frac{1}{2}$
- A しょうゆ……大さじ2～2$\frac{1}{2}$
- サラダ油……小さじ2

作り方

1. きのこ類はすべて石づきを除く。しめじは小房に分け、えのきだけは3cm長さに、しいたけは薄切りにする。
2. フライパンにサラダ油を熱し、しょうが、きのこを炒める。
3. しんなりとしたらAを加え、汁けがなくなるまで炒める。

なすのお浸し

なすのレンジ加熱はぜひ覚えて。
色よく、早く火を通す方法です

材料（4人分）
なす（へたを除いて縦半分に切る）……4本
サラダ油……小さじ½
だししょうゆ（市販）……大さじ4
削り節……少量

作り方
1　なすは皮目に5㎜間隔で切り目を入れ、大きめの耐熱皿に皮目を上にして並べる。なすの皮目に手でサラダ油を塗る。
2　なすを1本ずつラップで包み、電子レンジで6分加熱する。
3　切り分けて器に盛り、だししょうゆをかけ、削り節をふる。

大根のゆかりあえ

ほんのちょっとの酢と砂糖。
これだけで味が引き締まります

材料（4人分）
大根（いちょう切り）……10㎝
A ┌ 塩……小さじ1
　│ 酢……小さじ½
　└ 砂糖……小さじ⅓
ゆかり（減塩）……少々

作り方
1　ポリ袋に大根、Aを入れ、袋の上から軽くもむ。
2　大根がしんなりしたら、水けをきって器に盛り、ゆかりをふる。

ピーマンの甘辛煮

苦みが不思議なほどありません。
かさが減るからペロリといけます

材料（作りやすい分量）

ピーマン（縦半分に切り、へたと種を除く）……大4個（約170g）

A
- **しょうゆ**……大さじ1
- **砂糖**……小さじ2
- **顆粒和風だしの素**……1つまみ
- **水**……カップ½

作り方

1 ピーマンは横に半分に切る。

2 鍋にAを入れて煮立て、ピーマンを加え、好みのやわらかさまで煮る。

にんじんサラダ

スライサーがあれば怖いものなし！
色合い、味つけともに万能です

材料（作りやすい分量）

にんじん（スライサーでせん切り）……1本
塩……小さじ½～⅔
フレンチドレッシング……適量
パセリ（乾燥）……適宜

作り方

1 にんじんは塩をふって少しおき、しんなりしたら水にとって水けを絞る。

2 フレンチドレッシングであえ、器に盛り、あればパセリをふる。

オクラのごまあえ

粘りのある食感にごまのこくで、
小さいながらも存在感があります

材料（作りやすい分量）

オクラ……2袋
A すり白ごま……大さじ4
　しょうゆ……大さじ1
　砂糖……小さじ2～3

作り方

1　オクラは塩少々（分量外）を入れた熱湯でゆでる。爪で押して跡が残るくらいになればよい。ざるに上げ、粗熱が取れたらへたを除き、斜め半分に切る。
2　ボウルにAを混ぜ合わせ、1のオクラを加えてあえる。

もやしとツナの炒め物

常備菜をこんなふうに使うのも手。
こしょうをきかせるとおいしい

材料（4人分）

もやし……1袋
ツナのレンジ煮（p69）……$\frac{1}{2}$量
塩、こしょう……各適量
サラダ油……小さじ2

作り方

1　フライパンにサラダ油を熱し、もやしを少ししんなりするまで炒める。
2　ツナのレンジ煮を加え、塩で調味して器に盛り、こしょうをふる。

COLUMN 3

便利な道具を持つ

使いやすい道具は、調理時間を格段に短縮してくれます。私が多用しているのは、**シリコン製のスパチュラ、ゴムべら、ポリ袋**など。特にスパチュラは万能といってもいいほどです。炒め物全般に活躍しますし、2本使いをすると、炒め物はシャキッと仕上がり、腕も疲れません。**ゴムべらは、小さいサイズもぜひ用意して。**マヨネーズの残りをきれいに集められ、フライパンのソースやたれも鍋の底まですくえてムダが出ないし、洗い物をラクにするのにも一役買ってくれます。

ポリ袋はさて、何に使うのでしょう。保存ではありませんよ。**肉や魚の下味つけや野菜の浅漬けが得意。**これを使えば、少ない調味料ですむのです。厚くて上等なものではダメで、薄いシャカシャカしたもの、20×30cmのサイズがいちばん使い勝手がよいようです。

切る道具も、包丁ばかりに頼っていてはもったいない。にんじんサラダ、スパサラダなど、**面倒なせん切りもスライサーがあればあっという間。**薄切りも同様に、もずくときゅうりの酢の物、ズッキーニのフリッタータ、チキンカツに添えるせん切りキャベツにも活躍してくれます。小さくて切りづらい**にんにくの薄切りは、ミニスライサーを使えばお手のもの。**キッチンばさみは買ってきた食材の袋を切る必需品です。近頃は何でも袋入りで、取り出すだけでも時間がかかりますものね。

じつは最近、何十年と愛用してきたスライサーが壊れてしまったので、同じ商品の新しいセットを購入しました。マイナーチェンジはしていたものの、よい道具は残っているものだなあと実感。めでたく2代目に突入しました。

あとひとつ、持っておくとよいものにガラスボウルがあります。**耐熱ガラス製ならレンジにも安心して使え、酢の酸にも強い。**下ごしらえには欠かせません。私は全サイズ持っていますが、**直径12cm、17cm、23cmくらいの3サイズ**があればよいと思います。

道具は数をそろえなくていいから、使い道が広くてコンパクトなものを使うこと。上手に味方にしてくださいね。

Part 5

ストック食材の副菜

常温で保存できる食材は、いつでも使えて大助かり。
気がついたときに買いおきしておくことをおすすめします。
ただなんとなくストックしておくのではなく、
「この食材でこの料理」と得意メニューを持っておくと心強い！

ミックスビーンズのサラダ

豆だけのサラダは
食べにくいけれど、
ポテトのつなぎでしっとり。
クリーミーさも加わります

材料（4人分）

ミックスビーンズ（水煮）		1袋（165g）
じゃが芋		1個
A	マヨネーズ	大さじ2～3
	ヨーグルト	大さじ2～3
	塩、こしょう	各少々
パセリ（乾燥）		適宜

手軽に使える加熱済みのミックスビーンズ。真空パックや缶詰なら、1回で使い切れる。

作り方

1 じゃが芋は洗ってラップで包み、電子レンジで5～6分加熱する。竹串で刺してスッと通るほどやわらかくなればよい。

2 じゃが芋の皮をむいてボウルに入れ、フォークなどでつぶす。

3 2にミックスビーンズ、Aを加えて混ぜる。器に盛り、あればパセリをふる。

「派手じゃなくても、
普通においしい料理を
また食べたくなるのよ」

マカロニ&チーズ

こくのあるチーズが最高。
肉料理のつけ合わせにもぴったり

材料（4人分）

- 早ゆでマカロニ（3分ゆでタイプ）……½袋（75g）
- 生クリーム……小1パック（100ml）
- とろけるチーズ……100g
- 塩、こしょう……各少々
- パセリ（乾燥）……適宜

作り方

1 マカロニは塩少々（分量外）を入れた熱湯で3分ゆで、ざるに上げる。

2 鍋に生クリームを入れ、煮立ったらチーズを加えて溶かす。

3 すぐに1のマカロニを加えてからめ、軽く塩、こしょうをふる。器に盛り、あればパセリをふる。

溝のあるマカロニよりないもののほうが、歯ごたえが出ておいしい。

スパサラダ

野菜はすべてスライサーまかせ！
ヨーグルト入りでさわやかな味に

材料（作りやすい分量）

- サラダ用スパゲティ……⅔袋（100g）
- 玉ねぎ（スライサーで薄切り）……¼個
- きゅうり（スライサーでせん切り）……1本
- にんじん（スライサーでせん切り）……⅓本
- ハム（せん切り）……3枚
- 塩……小さじ1
- こしょう……少々
- A ┌ マヨネーズ……大さじ4～5
- 　 └ ヨーグルト……大さじ4～5

作り方

1 スパゲティは塩少々（分量外）を入れた熱湯で1分ゆで、ざるに上げる。すぐに水で冷まし、しっかり水けをきってボウルに入れる。

2 玉ねぎは塩少々（分量外）をふり、しんなりしたら水けを絞り、1に加える。

3 2にきゅうり、にんじん、ハムを加え、塩、こしょう、Aを加えてあえる。

サラダ用のショートタイプ。麺に切り込みがあるため、たった1分でゆで上がる。

ツナのレンジ煮

レンジであっという間に完成。
ソース代わりやご飯のおともに

材料（4人分）

ツナ缶（油漬け）……小2缶（1缶70g）
しょうゆ……大さじ$\frac{2}{3}$
砂糖……大さじ1

作り方

1　ツナは油をきり、耐熱容器に入れる。しょうゆ、砂糖を加えて混ぜ、ラップをふんわりとかけて、電子レンジで1分加熱する。
※ゆでキャベツにのせてフレンチドレッシングをかけたり、そのままご飯にかけてもおいしい。

ツナ缶はスープ煮や塩分ゼロなど、各種出ている。ここでは最も一般的な油漬けを使用。

キャベツのコンビーフ炒め

塩けはコンビーフで十分！
ゆでキャベツなら端も焦げません

材料（作りやすい分量）

ゆでキャベツ（p52）……$\frac{1}{4}$個分
コンビーフ……1缶
こしょう……適量
オリーブオイル……適量

作り方

1　ゆでキャベツはざく切りにする。
2　フライパンにオリーブオイルを熱し、キャベツ、コンビーフを入れて炒め、こしょうで調味する。

昔ながらの缶詰（左）のほか、最近はカロリーオフのもの（右）も登場。

ここでは竹輪麩を使用。やわらかくもどる、小さめの焼き麩ならなんでもOK。

麩《ふ》の卵とじ

汁物しか使い道が思い浮かばない
お麩も、節約おかずに大活躍

材料（4人分）

焼き麩（水でもどす）……1袋（30g）
卵……2個
A ┌ だし汁（または水）……カップ1½
　│ 砂糖……大さじ2
　│ しょうゆ……大さじ1½
　└ 塩……1つまみ弱
三つ葉……適宜

作り方

1　鍋にAを入れて火にかけ、煮立ったら麩を加える。
2　煮汁が麩と同量になったら卵を溶いて回し入れ、ふたをして卵がかたまりきる前に火を止める。
3　器に盛り、あれば三つ葉を散らす。

細切り昆布は極細のサラダ用を選んで。切り干し大根とセットで常備しておくと便利。

切り干し大根と昆布のサラダ

切り干し大根は絞りすぎないこと。たっぷり作って常備菜にも

材料（作りやすい分量）

切り干し大根……40g
細切り昆布（サラダ用）……5g
にんじん（スライサーでせん切り）……1/4本
A
- 酢……大さじ2
- しょうゆ……大さじ1
- 赤唐辛子（小口切り）……小さじ1/4〜1/2

作り方

1 切り干し大根は10〜15分水につけてもどし、水けを絞る。急ぐときはぬるま湯につけ、電子レンジで4〜5分加熱する。
2 昆布は水に約1分つけてもどし、水けをきる。
3 ボウルでAをよく混ぜ合わせ、1の切り干し大根、2の昆布、にんじんを加えてさっくりと混ぜる。

もずくときゅうりの酢の物

さっぱりしたものがほしいときに。
献立に酸味があるとバランスがいい

材料（4人分）

もずく（市販・三杯酢）……個食用3パック
きゅうり（スライサーで薄切り）……2本
塩……小さじ1
しょうが（薄切り）……1かけ

作り方

1 きゅうりは塩をふり、しんなりしたら水で2度洗い流し、水けを絞る。
2 器にもずくを等分に盛り、きゅうりをのせ、しょうがを散らす。

もずくは甘酢味のものを。市販の三杯酢は塩分が強いので、減塩タイプがおすすめ。

納豆の梅あえ

梅干しの塩けだけでしょうゆいらず。
納豆と酸味が意外なほど合います

材料（作りやすい分量）

納豆……2個（80g）
梅干し……2個（塩分によって量を調節）
きゅうり……½本

作り方

1 梅干しは種を除いて手でちぎる。
2 きゅうりは縦6等分に切って、薄切りにする。
3 器に3種の食材を等分にして盛り合わせ、混ぜながらいただく。

納豆は3個1セットで売られている一般的なサイズ。ご飯にかけないレシピも、知っておきたい。

COLUMN 4

いちばんの時短料理とは？

忙しい毎日で待ったなしの食事作り、とにかくできるだけ早く！　という気持ちはわかります。ただ、魔法のようなテクニックを期待するのではなく、地道でも次のような段取りを踏むのが大切だと思います。まず有効なのは、**「大きな材料を切っておく」「下味をつけておく」「ゆでておく」「衣をつけておく」など、できる準備を少しだけやっておくこと。**やらなくてはいけない手順を省略できなくても、あらかじめ手をつけておけば合理的に進められますし、とにかく気持ちの面でゆとりが持てます。

　最近は料理でも「時短」という言葉がもてはやされますね。でも、ゲームのようにスピードを追求し、手間をどんどん削って毎日せかせか暮らしていたら、本来の目的を見失ってしまうのではないでしょうか。私は常に、**アメリカ在住経験で培った「タイムセイビング」を意識しています。**時間を短くする行為は同じでも、あとで使える時間を「セイブする（蓄える）」ために効率化を考えるという感覚なのです。

　自分の知恵や工夫でやりくりした時間で、**たとえばお茶をゆっくり飲んでもいいし、長風呂をしてもいい。疲れた日は早寝してもいいでしょう。**時間の管理術は、そういう潤いを忙しい生活のなかにもたらすためにあるのだと私は思うのです。

　数分を惜しんで料理を作っても、その行き着く先に何があるのでしょう。あせって作るのは苦行でしかありませんし、それを食べる家族も落ち着かないはずです。

　もし時間がなくて行きづまっているなら、**急ぐテクニックを駆使するより、メニュー自体をシンプルにすることです。そして、同じ料理を繰り返し作ること。**レシピを見ずにその料理を作れたら、それがいちばんの「時短」になります。

　レシピが自分のものになれば自信が出て、さらに工夫したくなるはずです。その積み重ねが本当の「時短」となり、あなたの生活にゆとりを与えてくれますよ。

Part 6

パスタとご飯

1品だけでも食事が成立するご飯は、やっぱりラク。さびしくならないようにするには、具材にボリュームを持たせ、食べごたえを演出します。あとはサラダや汁物をつければ、立派なものです。

きのこの和風パスタ

具はきのこだけなのに大満足！
おいしさを引き出すコツは炒め方にあります

材料（４人分）

スパゲティ（1.6㎜）……400g
生しいたけ（石づきを除き、半分にそぎ切り）……２パック
舞茸（小房に分ける）……２パック
にんにく……１かけ
オリーブ油……小さじ１
A 酒……大さじ２
A しょうゆ……大さじ１
A こしょう……適量
めんつゆ（ストレートタイプ）……大さじ２〜３
バター……大さじ２
粉チーズ（パルメザン）……大さじ２

作り方

1. フライパンにきのこ類を入れて火にかけ、にんにくをスライサーで薄切りにしながら加え、あまりきのこを動かさず、中火で薄く焼き色がつくぐらいに炒める。
2. オリーブ油を加え、Aで調味し、水けがなくなったら一度取り出す。
3. 鍋にたっぷりの湯を沸かし、塩を湯の1%（分量外）加え、スパゲティを袋の表示時間通りにゆで、ざるに上げる。
4. ２人分ずつ仕上げる。2のフライパンをキッチンペーパーでふき、バター、2の具、スパゲティを、すべて½量入れて炒め合わせる。
5. めんつゆ½量を回しかけてひと混ぜし、器に盛って粉チーズをかける。残りの２人分も同様に作る。

スライスしたにんにくをそのままフライパンへ。きのこは混ぜると水分が出て水っぽくなるので、あまり動かさず火を通す。

「忙しくても料理する。
そういう人を
心から応援したいの」

【おすすめ献立】 ◎にんじんサラダ（p63）または◎ゆでキャベツのツナのレンジ煮がけ（p52、69）

アスパラと生ハムのクリームパスタ

あっさりと、まろやかなソースが自慢。
覚えてしまえば好きな具でアレンジも

レンジホワイトソースの作り方

1 耐熱ボウルに小麦粉を入れてバターをちらし、電子レンジで1分30秒加熱し、泡立て器でよく混ぜる。

2 1に分量の水、牛乳、砕いたコンソメスープの素を順に加え、よく混ぜて再びレンジで6分加熱する。

3 ダマが残らないようによく混ぜ、再びレンジで3分加熱する。

4 もう一度よく混ぜてからレンジで1分30秒加熱し、最後に塩、こしょうで味を調える。

材料（4人分）

- スパゲティ（1.6㎜）……360g
- グリーンアスパラガス（根元を少し切り落とし、4㎝幅の斜め切り）……6本
- 生ハム（一口大にちぎる）……100g
- 【レンジホワイトソース】
  - 小麦粉……50g
  - バター（1㎝の角切り）……50g
  - 水……カップ1
  - 牛乳……カップ2½
  - 固形コンソメスープの素（チキン）……1個
  - 塩……小さじ½
  - こしょう……少々
- レモン汁……適宜

作り方

1 鍋にたっぷりの湯を沸かし、塩を湯の1%（分量外）加え、スパゲティを袋の表示時間通りにゆでる。

2 ゆで上がり30秒前にアスパラガスを加え、ゆで汁をカップ1ほど取り分けてから、ざるに上げる。

3 ホワイトソースにスパゲティとアスパラガスを加え、ゆで汁を加えて濃度を調節しながら混ぜる。

4 器に盛り、生ハムをのせ、好みでレモン汁をかけていただく。

【おすすめ献立】◎キャベツのスープ煮（p55） または◎にんじんのマリネ（p58）

鶏肉と油揚げの炊き込みご飯

具は大きめに切るのがミソ。おかず代わりのボリューム感が出ます

材料（作りやすい分量）

- 米……3合
- 鶏もも肉（3cm角に切る）……1枚
- にんじん（8mm×3cmの拍子木切り）……$\frac{1}{2}$本
- 油揚げ（縦半分に切り、5mm幅に切る）……1枚
- A
  - 酒……小さじ1
  - しょうゆ……小さじ1
- B
  - 酒……大さじ2
  - しょうゆ……大さじ1
  - みりん……小さじ2
  - 塩……小さじ$\frac{2}{3}$
  - 顆粒和風だしの素……小さじ$\frac{1}{3}$

作り方

1. 鶏肉にAをもみ込む。
2. 米をといでざるに上げ、炊飯器の内釜に入れる。Bを加えてざっと混ぜ、水（分量外）を白米の水分量の目盛りまで注ぐ（米の合数に合わせる）。
3. 1の鶏肉、にんじん、油揚げを上にのせ、白米モードで炊く。炊き上がったらそのまま10分蒸らし、具を混ぜながらほぐす。

鶏肉は食べごたえがあるように大きめだが、下味をしっかりもみ込んでおくと味が決まる。

【おすすめ献立】 ◎なすのお浸し（p62）または◎麩の卵とじ（p70）

帆立てとエリンギの炊き込みご飯

帆立て缶の汁はうまみ出しにぴったり。魚介系の上品な味わいが喜ばれます

作り方

1　米をといでざるに上げ、炊飯器の内釜に入れる。帆立て缶は汁ごと、Aを加えてざっと混ぜ、水(分量外)を白米の水分量の目盛りまで注ぐ(米の合数に合わせる)。

2　上にエリンギをのせ、白米モードで炊く。炊き上がったらそのまま10分蒸らし、具を混ぜながらほぐす。器に盛り、あれば三つ葉をのせる。

材料(作りやすい分量)

米……3合
帆立て缶(ほぐし身)……小1缶(100g)
エリンギ(長さを3等分にし、1cm厚さに切る)……1パック
A
- 酒……大さじ2
- しょうゆ……大さじ2
- みりん……小さじ1½
- 塩……小さじ¼
- 顆粒和風だしの素……小さじ⅓

三つ葉……適宜

【おすすめ献立】◎豆腐のそぼろあん(p40)　または◎焼き大根(p57)

ソース焼き飯

おいしく仕上げるには2人分ずつ作ること。父が作ってくれた思い出の味です

「家のごはんは
どうってこと
なくても、
ほっとするのが
いちばん」

材料（2人分）

ご飯（温かいもの）……300g
卵（溶きほぐす）……2個
玉ねぎ（みじん切り）……⅓個
塩、こしょう……各少々
ウスターソース……大さじ4〜5
バター……大さじ2

作り方

1 フライパンにバター½量を入れて溶かし、玉ねぎをしんなりするまで炒める。

2 卵を加え、箸で大きく2〜3回混ぜ、残りのバター、ご飯を加える。軽く塩、こしょうをふり、パラパラになるまで炒める。

3 最後に周囲からソースを回し入れ、さっと炒めて味をなじませる。

【おすすめ献立】 ◎キャベツのスープ煮（p55） または◎にんじんとソーセージのソテー（p58）

城川《しろかわ》朝《あさ》

外資系航空会社のキャビンアテンダントを経て、結婚後、10年以上にも及ぶアメリカ生活で、かねてからの趣味だった料理を本格的に学ぶ。現地では、スクールの講師として教えるまでに研鑽を積み、帰国後、東京・西荻窪で料理とお菓子の教室を主宰。テレビ番組や著書、キッチンツール開発まで活躍の場を広げる。ふたりの娘は、それぞれ家庭を持ちながら仕事でも活躍。その多忙ぶりを目の当たりにし、忙しいなかで食事作りをする人へのエールになればと本書の企画がスタートした。おいしさと作りやすさの両立を目指して試作を重ね、作り続けてきたレシピにも新たな工夫とアイディアを盛り込んだ。著書に『夫婦ふたりのシニアごはん』(講談社)、『もっと野菜が食べたいから まずはゆでる!』『冷凍できる晩ごはん』(ともにNHK出版)などがある。

ブックデザイン
佐藤芳孝(サトズ)

撮影
鈴木雅也

スタイリング
中安章子

料理アシスタント
石川和美

構成・文
野沢恭恵

講談社のお料理BOOK
忙《いそが》しい人《ひと》の家《か》族《ぞく》ごはん

2016年3月17日　第1刷発行
2017年3月3日　第5刷発行

著　者　城川《しろかわ》朝《あさ》
発行者　鈴木 哲
発行所　株式会社 講談社
〒112-8001　東京都文京区音羽2-12-21
電話（編集）03-5395-3527
　　（販売）03-5395-3606
　　（業務）03-5395-3615
印刷所　凸版印刷株式会社
製本所　株式会社若林製本工場

＊定価はカバーに表示してあります。
＊落丁本・乱丁本は、購入書店名を明記のうえ、小社業務あてにお送りください。
送料小社負担にてお取り替えいたします。
＊なお、この本についてのお問い合わせは、生活文化部 第一あてにお願いいたします。

ISBN978-4-06-299668-6

前田育徳会尊経閣文庫編

尊経閣善本影印集成 41-1

三宝絵

八木書店

三寶繪并序

古人有言観身岸額離根草論命江頭不繋舩又世中
何喩朝保漕行舩跡白浪云我國物心知者加久曾云却
况智深慈廣佛教世不牢固如水沫泡炎汝等悉疾可
成就厭離心佛衆生父子也後勅給却天下人多如此事知胡
露聴深帰夏虽焼坂悔愚也甚使被追暗道向時獄卒云
汝人身得不修道寶山入手空還自怠也誰恨可悔云打責
時悔哀无益釋迦牟尼佛隠給後一千九百餘年成像法
世住遺年不幾嗟乎人身成佛教奉値梵天上糸垂大
海中針貫雖勤行佛念法閒僧敬只近来許也君不見
王舎城長者寶貯我家樂終無地成古家之倉守又不見

隣事他界遠事心中思吾国近事眼前如見奉云私注會仏
事種々寫續不出戸知天下貴態不如此巻彼弥勒之行五悔其中
述随喜方便之詞普賢之發十願其中立随喜功徳之力僧勤
諸事貴哉貴哉

三寶繪下巻

寛喜二年庚寅四月九日未刻書寫終西谷亭了

於戒善範沙門叡賢 生年七十七

一交了

例言

一、『尊経閣善本影印集成』は、加賀・前田家に伝来した蔵書中、善本を選んで影印出版し、広く学術調査・研究に資せんとするものである。

一、本集成第六輯は、古代説話として、『日本霊異記』『三宝絵』『日本往生極楽記』『新猿楽記』『三宝感応要略録』『江談抄』『中外抄』の七部を収載する。

一、本冊は、本集成第六輯の第二冊として、『三宝絵』（上・中・下三巻、三冊）を収め、墨・朱二版に色分解して製版、印刷した。その原本は、遊紙を除き、墨付で第一丁、第二丁と数え、各丁のオモテ、ウラをそれぞれ本冊の一頁に収め、図版の下欄の左端または右端に（1オ）（1ウ）のごとく丁付けした。

一、目次及び柱は、巻数と各説話の話題名を勘案して作成した。新日本古典文学大系本との異同は、冊尾の解説を参照されたい。

一、原本を収める桐箱の蓋表面・裏面及び包紙（墨書のある部分）、附箋を参考図版として付載した。

一、本書の解説は、田島公東京大学教授執筆の「尊経閣文庫所蔵『三宝絵』の書誌」、宮澤俊雅北海道大学名誉教授執筆の「三宝絵諸本研究と尊経閣文庫所蔵『三宝絵』」の二篇をもって構成し、冊尾に収めた。

平成十九年十月

前田育徳会尊経閣文庫

目次

下　巻…………九三

上巻

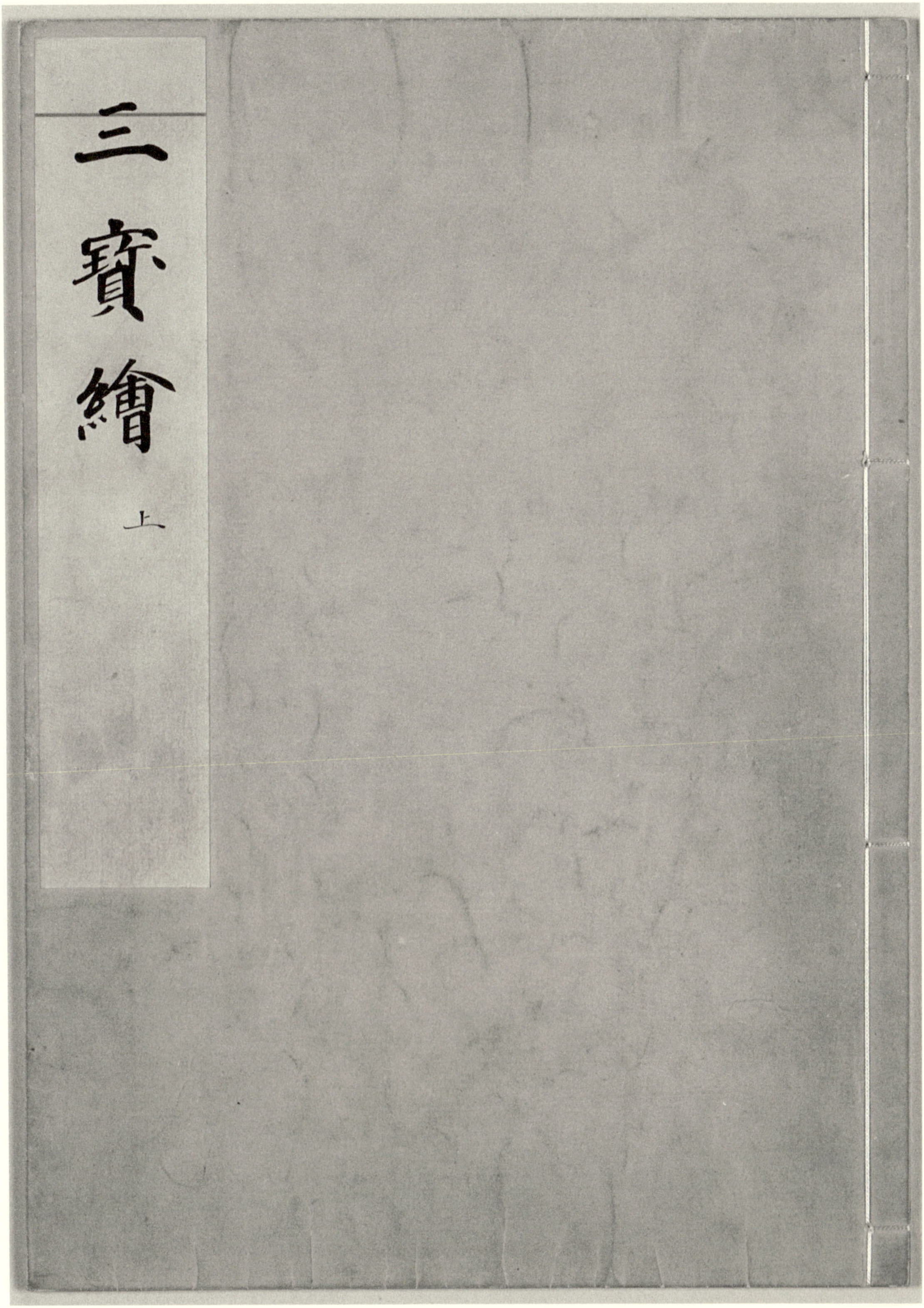
三寶繪
上

一七
大二五、

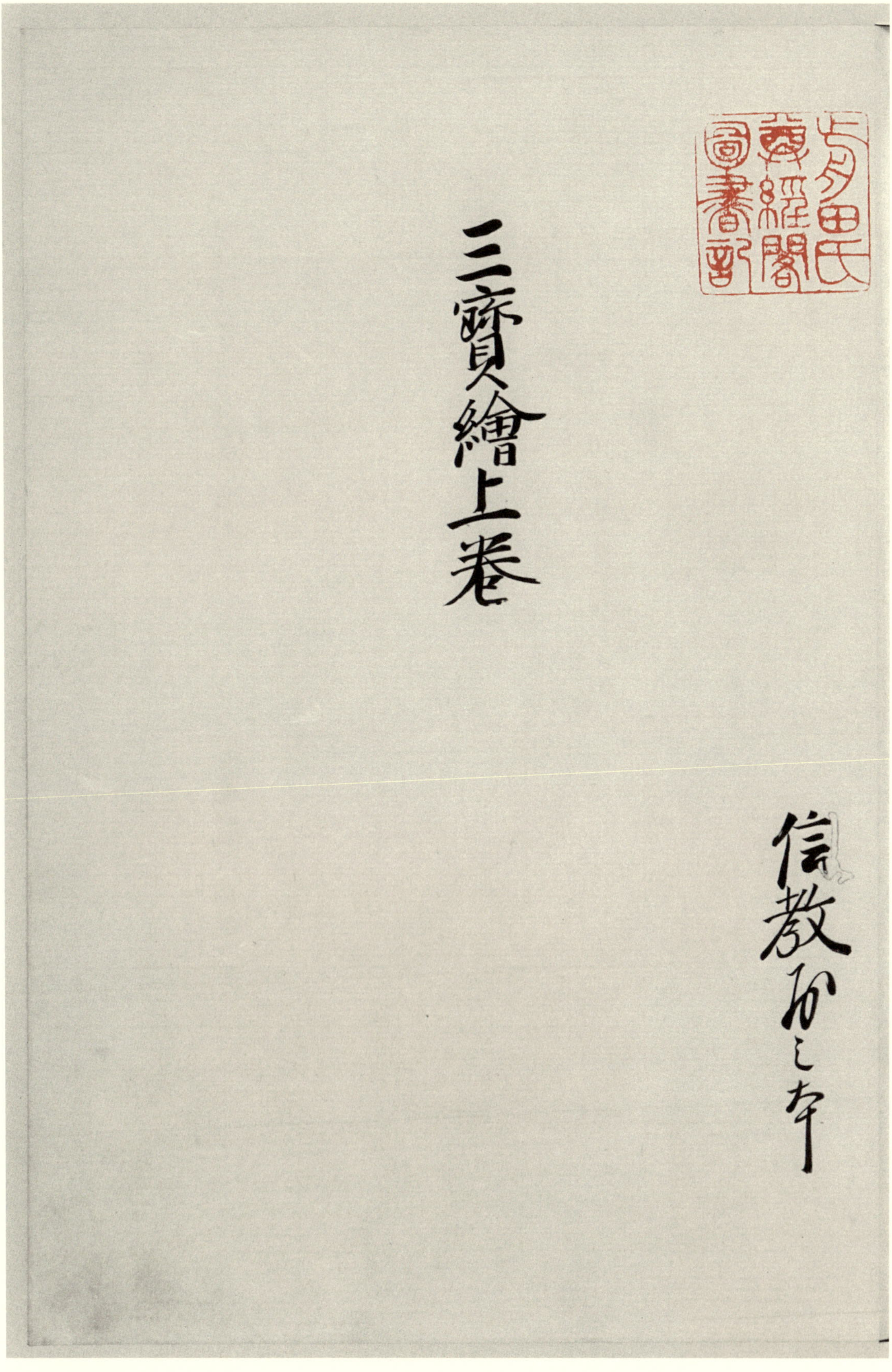
三寶繪上巻

信教所之本

三寶繪并序

古人有言觀身岸額離根草論命江頭不繋舩又世中《ヲ》何喩《ヘム》朝保漕行舩《ノ》跡《ノ》白浪云我國物《ノ》心知者《ハ》加久曾云部況智深慈廣佛教世不牢固如水沫泡炎汝等速疾可成厭離心佛衆生父子也後勅給部天下人多如此事知胡露懸淚歸夏虫燒後悔愚也甚使被追暗道向時獄卒云汝人身得不修道寶山入手空還自怠也誰恨可悔云打責時悔哀无益釋迦牟尼佛隱給後一千九百餘年成像法世住遺年不幾嗟乎人身成佛教奉値梵天上糸垂海中針貫難勤行佛念法聞僧敬只近來許也君不見王舍城長者寶貯我家樂終虵成古家之倉守又不見

舎衛國女人鏡見吾顔好奢命盡更成本骸頭住虵成
更ム《トナフ》《ムト》生時不思《リケム》家貪顔衰《セミ》《カハ》死後皆即成知餝家罷結家
出《テ》佛法可求好良不借良捨聖身可顔今説経疏尋成佛
道訪劫累世積不求可至難一日行時發心即可得設百
千万億寳塔立八万四千法藏寫不及又妙寳分貧人施生
身割乞者与一日一夜出家功徳不及説給諸事中比无万
法勝佛界皆喜魔界悉震生死海涅槃山根佛讃給
曰之婆羅門之醉僧形成是故後法聞蓮花先世尼衣服
其力今佛値醉迷戯衣善根終不虚賢心誠志功徳弥
重難阿太奈貴吾令泉院太上天皇第二女親王春花
顔恥寒松心譲九重城樓入給濁世厭離給彼勝鬘波

斯遥丁女發心ス不教有相優陀美丁后剃髮雖勸貴家
生重位備宿蓮花契芳勤法種殖入月輪高處旌受戒光
今見懐古時異事同丁簾錦帳本御栖也花露香煙今
御勤也然猶春日遅暮啼林鸎聲閑秋夜叵明背壁燭歎耿
菊け时矣圍碁是送日之戯勝負之挑无ね琴瑟又徹夜之友
饒哥之思可發又有物語云之物遣女御心之者也繁於大荒木
社之草多有曽美濱沙号草木山川鳥獣魚虫去不物云去
令言物无董行物着董行去云流天浮《木浮》言不結貫澤真菰之
真言謂伊賀専土左大殿门今様中将長居侍従去寄男
女云花蝶罪根辞林露心不留何以勵尊心發閑思者龍
樹菩薩教禅陀迦王偈云若畫見侍若聞人言或随経

巻自覚思曰之數貴事令畫綉加載經書文令獻其
名曰三寶繪令傳言人結締《三》緣其數分三巻々御覧究三
時之隙也初巻々首佛行事出種々隹中巻出中法之弘此
撰家々之書後巻注今僧以勤事自正月至十二月尋所
々態其端各述《趣》其奥又讚德也九顕佛法僧初善中善
後善在々所々有三寶可護之参河權守源為憲者載恩
高於山懐志深於海宮人也小遊文道析一支之桂老入法門頗
九品之蓮見内外道人心及忌使佛種從緣起勤懃書集功德
林之言葉深馮冩獻菩提之《樹》善種心緒乱文中淺跟流
筆下頗以才志又後世被尊辟猶上皈王太々子成佛时舊事
憍陳如先被度于时永観二歳仲冬々也

三寳繪上巻　　佛寳　　源為憲撰

吾釋迦大師昔有凡夫時三大僧祇間為衆生發心三千大千世界

芥子許无不捨身之處今方生王宮中猒五欲別父往道樹

下降四魔成佛三覚四弁五眼六通内具三十二相八十種好外明

頂高如天蓋面圓同滿月頭上螺髮類青糸眉間毫相似

瑩白玉眉比細月齒含白雪眼斉青蓮唇等丹菓紫

磨金膚耀无塵千輻輪跌步離地如此諸相皆先世若干

行力諸波羅蜜所與也梵王天眼不見其頂目連神通不極

其聲經云若謗方等經盗僧祇物作五逆罪犯四重禁者

能發心一日一夜念佛一相白毫諸罪滅失尚如見佛又有神通

力妙從衆生心處火成池勝姿之門空過踏水地如迦葉之

（3オ）

船従去、又有慈悲心、能救衆生之苦、外道欽重、貴《ケハ》如来跡《ニ》、
即活身《ヘリ》子枝《ケテ》、鳩隠世為、景无恐、惣三界所帰、四生所作也、
其佛以色不見、可以音不可求、侍縁頭《テ》、形《コト》如空月浮水《ルカ》、身滴虚《ヒトモ》空假頭《ソメニ》、
丈六命无涯限、儒終八十末、大地針《ハ》塵叵《ニ》知佛壽之數、汲大海《テ》、
盡水、叵量佛智之深、涅槃《コト》以来《ヨリ》、尋妙摘多、嶺中當景毒龍
瞻常恐、石上遺跡、思了削不失、南知佛《ハ》牆之隔人《ル》眼也、長隠《レハ》
不可言、佛常有否心、遷去《ト》不可思、況自登忉利天之時
作《リ》傳《テ》像、奉見自趣婆羅林之後、遺《ノコヽ》貴舎利、奉礼《ル》乱《リ》心《ニ》
捧一花、戯《レ》慰《ワサニ》、又十指暫《モ》至心一唱名、懺罪滴額、不畏
在世非天上天下《ニ》无《ミ》如《ルハ》佛、十方世界亦无比、我今合掌頭
佛勝事

次菩薩世々行檀波羅蜜、無心思惟《ラク》、不行《レハ》施物之心、常了
受《テ》貧窮之身、無扶《ツル》人力、歎《リ》似仏之道、思已有《レ》施物《ヲ》、随乞能
与、施《ルコト》国《ハ》城妻子、軽《ウし》於草木、与《コト》頭《ス》目手足、安於投石壌、況才外《ノ》宝《ヲ》
一無《モ》惜《ム》心、昔有国王、名曰《フ》尸毗王、慈悲深《テ》、見《コト》衆生如子、帝釈欲
試《ミムト》、語毘首羯磨云、汝成鳩、逃《ニケ》入《し》王懐、吾成鷹、追試《ミムト》王意云《フテ》、各
成《ス》儀、鳩来《チ》入王腋《ニ》、鷹追居《ル》前《ノ》樹、返吾鳩、乞《コウ》、王云吾有欲救衆生
之誓、更不可返、鷹云吾《ハ》非《ヤ》衆生、何不憐《ムヤ》、今日食餐《ト》云《フ》、王欲
救鳩寿、欲扶《スケムト》、鷹飢、仍《テ》取刀、自《ラ》割股《モモノ》肉《レテ》、鷹云与《ト》鳩重《サ》等《ク》侍《ト》云《フ》
王以竹懸《ルニ》鳩身《ハ》逾《ハ》重《し》、王肉逾《ハ》軽《し》、又取竹股《ノ》肉《シ》加《ルニ》猶《し》怪《し》、又二脚皆
須作《カウ》一《ノ》身肉《ニ》皆取、猶《し》怪《し》、鷹云因皆尽鳩、猶《し》重、又何所因《シカ》加《ム》早返《ト》鳩
責王云、不可更返云、吾身欲懸竹《ニ》、則筋断《タエ》、力尽《テ》与転《フロヒ》倒《レヌ》、自責《テ》吾

心云此苦《ハ》甚猛地獄苦无量也吾今有智《レハ》猶慈《レウ》此事《ヲ》地獄人
无有益可如何《ス》吾自發誓救衆生思何曰如此許苦《フ》痛《トミ》
或心《トハム》弱《ヨハクシテハ》可軽落人来扶吾推上云又起上〻手懸竹努力強《チニ》
上其心《ルニ》定无悔《ル》思千時大地六種動自空上雨花大海波揚乾
木花開《ク》天人来云《ク》汝一小鳥不惜重身實是菩薩也安疾《ク》成佛
鳩語鷹鳥云我等誤《テ》破《ル》菩薩身早以天力可愈王疵鷹《シ》則汝帝
釋問王云此事痛《ヤ》否《ヤ》有悔心王答《ハツ》深有悦心更无悔心帝尺
云此事无驗《レ》誰實《ト》可思王則誓云《ツ》今捨吾身深求《ム》佛道心《ニ》
爲不偽《セス》事爲不虚者願《ハ》令吾《シテ》身忽如《ニ》本云《フ》帝尺又灑《ソゝク》天藥身
肉餓《ニ》渇《テ》身疵時愈如本欣諸人見之皆大悦《ヒ》貴《フ》自此之後施
心愈盛自命不惜此汝満足　檀波羅蜜　昔時尸毘王云〻今教

云迦牟尼如来是也。具云度集経可廣論也在之也
次持世之次持戒波羅密、其心思ツ不持戒可墮悪道不生善
身、年月等道思捨命重戒、如護賂中珠、如渡海上船。昔
有国王曰須陀摩王、持不妄語戒。王与数丈人欲入苑遊乗車、
出門之時一婆羅門来白王言、吾貪者頗賜物。王云、帰後可賜。
云テ出遊苑之程、鹿足王白空飛来取須陀摩王去、如鷹
取馬至山中、置自始取集欲取頭九十九之王中。須陀
摩王落涙如雨。鹿足王問云、何以哭如童。答、非惜命失宝
悲也。吾生来妄語。今日出宮、貧人来乞物。帰後与云不当、
心外失命。故仏罪悲叶也。鹿足王思勲、云免七日之暇。王悦
出波羅門、賜宝、譲太子委国、又集臣、施宝、出国欲去。

諸臣合力《テ》、国《ノ》民於垂慶共《ニ》申《サク》猶《レ》留《テ》収《メ》国、息《ヤスメヘ》民、作鐵屋令《シ》
住儲勝《テ》兵令拒麻足、自空来《レ》有《ム》何《ノ》恐、王云更不余、破《レリ》戒空《クス》
之、不如《ジ》守《テ》戒早死《セム》、實語《ハ》第一之戒也、登《ル》天橋也、妄語《ハ》入地獄、
吾今守《チ》實語、捨《テ》身不有《ト》悔《ルコト》云《テ》向《テ》至《ル》麻足遥見悦云汝實《ハ》
不偽人《ナリ》借物无過、於今汝已《ニ》免《ス》去《子》今向依《ヒ》至死《ムトスルニ》不誤《ラム》所契《タクム》、
寛是賢人也、王云實偽不偽人如此讃説《ナク》十善道、麻
是聞云吾今聞《クニ》汝言《ハシ》、心改《ニテ》邪開《ケ》信心清浄《テ》今免汝命九十九
之王皆免汝各歸本国、此時百王悦向全命《タル》収《ム》国、吾命不妄
語是為向持戒波羅密、昔須陀摩王令尺善是之可見許

「広論也」

次并世之際忍辱波羅密、其心思《ニク》為不習忍心觸事瞋怨《テ》返《タル》叉

罷軟之身争欲得《テ》佛心妙《ノ》匠堪誅堪匠忍能忍暴辞被誹
罵時如《ハ》谷《ト》中之響音思《ヒ》被打割《ル、》刀杖《ニ》時身如《ヲハ》水之沫思昔
有聖曰忍辱仙人任都《リ、コノ》邊《リノ》之林中《ニ》時有国王曰迦利王敷
女寧《シ》遊《テ》林《フ》中暫息《ヤスムル》睡寝諸《フ》女見花交《ハリ》林遊《ハテ》廻《ス》之遥《ニ》見《テ》聖在《ノ》
所集《リ》居《リ》其前仙人説法教《フ》可猒世之心王眠覚《メテ》求《ニ》女不見誰
将往《ヰテ》怒《ケルソト》求《テ》行《ニ》時《ツ》遥《ニ》見《テ》集《リ》居《シ》仙人之前則来大怒抜《テ》剣問《云》汝何
人答云吾是忍辱仙人《ナリ》又問何力《コトカスル》答云行忍辱道王思見吾怒
顔《シ》行《ルシ》忍辱之心云《フ》也思《ヲ》之問汝行《カ》得《ハ》色《タリ》界无色界定哉云《フ》仙人
答云皆未得王逾《イヨイヨ》怒云《リ》汝未離欲界何任《ソ》意《セテ》可見《ハト》諸女責《ム》吾
只行忍辱人也答王云汝尒匠《ハ》一《ヨト》臂云仙人云《フニ》随匠臂《フ》王以剣切
落汝誰《ソト》問仙人云吾是忍辱仙人也答又令《テ》匠遺《リノ》臂切落《サムト》云《フ》

能忍問能忍《ヘト》答《トフ》又切《テ》二足二耳鼻《ヲ》毎度問時如前答《ニ》又見《チ》
仙人身《ノ》多散《リハ》地上《セルヲ》怒心覚《ヌ》仙人云《リ》何《ソ》又不切給《ル》縦《ハ》切砕《サイテ》我身雖
成如芥子如塵我更不可成怒悪之云《テ》則撲云《ク》頷《ハ》又今日以《ス》怒
心切吾身分七成《テ》七成《スノ》菩提《シ》世成佛《ラ》時慈心先度汝《テ》行七種之道
令断《ムト》七種之眠云被切《フテ》我身《テ》更无悪心云《フ》可為忍波羅蜜昔
仙人者今尺迦是也可見大論也

次菩薩之修精進波羅蜜無心思不励勤若成息怠之事不離
生死之苦可心向菩薩之道思諸思立事无息捨之心鑽火息
氣不能得火不動手足不能渡水流水励心不怠求事可成也如
昔有波羅奈国太子号大施太子出宮遊時作田者以鋤
流云見鳥集而食虫又紬糸織布屠牛剥羊取鳥陥魚

見問共人答云乏衣食乏也云太子成悲帰宮参テ開倉救
賜物於貧民大臣等誹太子参王言聞海中有如意珠試行
見中給王驚答國是海國也寶者皆海寶也有何乏事ヵ海
可求珠又毒龍大魚悪風高波不絶往者千万帰者一二也不可
免宣太子臥テ御前若被免此事遂不起於是死云于時王与后
誘進遂不食七日不起后泣白王太子之心叵動今日於前死自
見猶許邂逅還来待言王随此流泣許國有一翁能知船道
年八十也両目共盲月王自往談翁々泣参往海之者全叵還此仰
叵忍近死所参云太子艤船乗五百商人出共往以七鐵鏁繋船
太子毎朝打鼓曰若留者自此帰云一日解一縄待風揚帆平着
寶山自舟下於商人寄云取寶積船自此帰云留舟留人自

（7オ）

此与老翁共従陸地往七日往水膝立又七日往水至頸又七日往浮
水濱着濱翁云銀濱遥見辰巳方銀山見指其往云又遥往
有金沙濱翁疲弱倒臥云吾於此可死自此東七日往有青蓮
花地又七日往有紅蓮花過其南往給龍宮到給教死太子
悲泣如云獨往給見蓮地有青虵纏花茎怒目見不言太子
到龍宮見毒龍守埋玉女守門太子令云消息龍王驚恠非
小縁人可至于此云自出向居寶床云従遠来志求何事云太
子答閻浮提人依貧苦多ク乞王在耳中之玉来也云龍王
云七日留此受吾供養其後獻玉云太子過七日得玉龍王自空
送即到國岸于時諸龍神驚歎曰此玉海中之重寳也云
之貴珎也猶取返可好定海神力人到太子前云君閑得寳

有之王視吾給曰太子取出視給程梶摩入海太子海底攫
海水不返王大将酌干海潮云時海神出来咲云海龍悪人也空日
落ヌ隼風止ヌ此海欲酌移何處云太子答云恩愛之巨断尚欲
断生死之巨盡ム欲盡況海水雖多有限若今世不酌盡経世々
ヒ酌干攫柄酌海水攫心之直天人紫儀皆来共酌量《量ん》鐵圍山
外又裹天衣袖内太子一二度酌海水十分之七八失龍《龍ん》王騒章
出来云吾栖已可空成佗及王太子請取ヲ宮月十五日《朝》焼香懸
幡置玉幢手取香爐礼玉白吾ヵ衆生渡苦ヲ得此玉也願雨
諸寶普潤人願時和風扇ヲ拂空雲澈雨灑ヲ汲地塵普雨
諸寶積地至膝閻浮提之中《中》充不雨寶之處忍苦勵心發攫酌
海畢ヌ海精進波羅蜜昔太子今尺尊是也可見六度集経

（8オ）

及旅愚経也

次菩薩々浣禅定之波羅蜜。其心思人心如酔象《ノ》狂《タクレテ》而巨暴。心如遊猿《ニ》

捕《トラヘテ》而不止。為不閑《レハ》思恒可乱。心煩悩巨《シテ》亂。親会何《ヤ》成思。静處留《ニシテ》

思。静心不驚《サカシカラ》是知定恵相扶《ケテ》能致《コト》菩。如鳥《ノ》両《ツ》翼《ノ》車《ノ》雙《ツ》輪《ノ》縦

有《トモ》智恵為无禅定其心不閑。其譬迅照之事如動《カ》風之燭《ヒヒシ》。如乱

波之水。為有志照智加禅定閑心燈光《リテ》照物閑也。波水无

波浮歎如明鏡。凝心一處无事而不照。功徳莫過於定。昔

有仙人。名高闍梨仙人。獨居閑處《テ》久入定。瞑《ヒ》目《シ》収《メテ》氣経日不起。

鳥恒見之如株《ノ》不動。其髻中《ニ》作巣生子。仙人出定。知《テ》有鳥巣。

為有動事《ラハ》卵落破。母驚不来《ト》。思深捨《テ》之乃又入定。待鳥子栖《ス》

立乃出定閑心不動是為海禅定之波羅蜜。昔仙人今《ノ》大《ノ》菩薩是也

可見所度論也

次菩薩般若波羅密其心思慮光常照愚闇入邪見稠林

可迷菩薩之正道思同貴道習深智先五波羅密如手足之助身

今第六波羅密如頭之持命依般若眼能向菩薩依般若頭永

保法身之命当知吾心離惑佛位欲現之事如現見本目之前書

春来見須沙之多知海遊菩薩如此若見般若深智当知菩薩漸

近昔有大臣云欽審大臣心明智深国有諍时分閻浮提之大

地等成七分若干大小国境近村及諸民皆悉暗知等作七

分能正国諍臣皆明皆是在俗般若波羅密昔欽審大臣云今

人此年如来即是也可見所度論也

昔有長者名曰流水二子共出遊戯見諸禽獣皆時飛去於一方

奇亭長方見有一大池曰野生池其水欲竭有多魚流水哀之
樹神告云汝云流水与水也魚流水驚云此魚数几樹神答云
有十千許此池被炙於日魚皆欲死流水走求四方忽无水登
大木折滋枝且立池中作涼蔭又廻尋水可来之處遠速去
有大河取魚之人落却水也忽可巨繕流水走向往王所令言
事由願給廿之大象運水活魚王即給象流水与二子共尋子
往酒家借集皮嚢往河裏水負象運池水忽如本滿
流水廻池堤魚随廻遊流水思此魚依飢随我乞食也知云二人
子取一大象營往宅始従父母至下人之食取集早持来云遣
不経幾程即持来普散池中諸魚皆飽満又思已以食扶飢
今施法味尊後世思下立池中為魚説法昔僧云説十二因

縁之心。又見頭経唱宝号如来之名、如此偽《ヒテ》宅。然後《ニ》十千魚
一時去死時《テ》生卅三天、各相語云、我等前世受魚身之時流水
施《ニ》水食《ノ》与令聞法之力得《ツモテ》生《タリアトシ》此天。我等去往《ニ》報彼恩《ムト》云《フ》此時《ニ》流
水寝高楼上。十千天人来《テ》臥《タル》流水四方《ニ》各置十千瓔珞合四方也
又雨五色花積《コト》高《サ》至膝《ルニ》。又唱天楽。国内《ノニ》散花。又往昔住之池。
多雨花。偽明《ル》朝《ニ》国王奇《ミ》奉召《テ》流水《ヒテ》問。遣《ヤチ》使見池《ムニ》明知魚生《チ》
天。報流水恩也。国内《ノ》人大尊悲《フ》。昔流水今尺尊《コトシ》之見寂勝也

昔波羅奈国有山名仙聖山。五百縁覚住《ス》。有一師子、名賢誓師
子。身毛金色、力等《テ》千師子。出音《ニ》乳此《ニ》飛鳥自空落、走獣倒《ル》
地。此師子見《テノ》一縁覚居《ノ》樹下日々来親近《シテ》聞誦経説法。聞一《ノ》狩
人見之思《ハク》、為剥《テ》此皮献《ンテ》王《ニ》者、給官得賞《ム》。但是獣王也、以弓矢不可

致以縄葛不可捕，為搆他謀此師子，且親法師，吾且剃頭袈
裟内隠弓矢，居樹下，去如押来其前，射教思陶宅，語妄未
曾聞有金色之獣，今日見之，適致之，獻了，我宅有慶，迄子孫
世々有慶云，俄剃鬚，被黒衣，往彼木本居，見之，勅躍走来舐
其足，隠置袈裟，挽弓，以毒矢，射之，師子乳唯欲咋致此人，又思反
咋致此人甚易，然自被是法衣也，衣已法衣也，為破其身者，不可得
破佛弟之罪，思收息，忍痛，毒氣深入，痛苦難堪，猶蹈咋
致思，又強思留，此人内含毒意，外形猶法衣也，為致此人，今日
命者，永可破諸佛之誡，忍此身者，於人被致，不忍此身者於人，
被悪，弥獲煩悩，永増生死，生悪所，離善處，不聞聖法，永離
亦是之故，我今不可發悪心，思了，師子説偈云，頗自已命終，發

悪心不向法衣、願自亡命從発悪心不向出家人云《ヒ》了《テ》即死《ス》时
大地六種震動《ス》鳥獣騒《サハイ》之《ル》雲暗雨降日《テ》无明光猟人脱袈裟、
以刀剥師子皮悦《テ》荷《チ》肩《ル》即献《ル》國王、ゝ深《ク》奇《ム》争《テ》得此皮令同、
給《フニ》具《ニ》頭中上件事、王聞《シ》驚《テ》悲《テ》泣《ミテ》流《シテ》涙、集《メテ》大臣曰《ニハク》吾昔聞《ク》智
者之説、若有獣身《ノ》毛金色者必是菩薩也《ト》云《ヒ》ゝ、令成《シテ》悪《ノ》計《リコトヲ》致《ス》此菩薩《シ》、
吾為給官与寶、物与《ナムトス》彼同心之人云《ヒテ》乃令《テ》殺《ム》此人《シ》、王以此皮寄《子》到《テ》彼
山《ノ》師子之死處《ニ》集《メ》積《テ》栴檀《シ》、令《ム》葬其皮《ノ》、拾《ハシ》骨《ムテ》立塔《テ》供養之、昔賢
誓師子者今釈迦如来也、昔國王今弥勒菩薩也

昔廣野有林有二鹿ゝ王各従多鹿國王出令狩給皆迯走之落坑當
巖破身失命一鹿王見之悲歎進詣王前其形高大其角五
色也見人皆驚奇鹿跪白王言自狩給使人猶給我徒多死

或母与子相離別或作生蒙痛此事深悲縦多鹿一日雖被
殺日内身見損從捨亦日供廿仍用厨之數毎日進獻ヒ常用
鮮吾等延暫命中ヒ大奇言曰次用事不過一不知汝等
多死命所言哉〻随汝言讃給不獲返給二鹿ヒ日替獻一鹿ヒ
獻日當次日鹿流淚誘曰有命者皆有死雖此死悲道程念
佛往作慈心不向人教遣今一聚中有孕鹿當次日慈已ヒ言
産子不久須替他鹿後日當吾給慈生子成長ヵ後被當者
可往云鹿ヒ怒曰何曰任意樣可道次云不免俺之慈行ヒヽ間
悲朴母心未産子哀事歎告己方明日鹿云孕鹿慈事悲替
彼今日（夜命今）可往語且又慈云誰不惜暫命明日遣當巡延道捨今
日死有慈云此慈之理也（今日）代汝捨吾命云自ヵ往國ヒ驚問曰

何鹿王今日自来聚鹿盡失宜給鹿王言傍聚有一孕鹿当今
日逝憇云孕子未生被免今日暇生子之後可差之憇其憇依
逗忍代彼欲死奈也言國王聞悲流涙曰吾致物命養己身汝
欲救物命捨己命悲那云々説偈言 吾是實畜生也名可為人
頭之鹿汝畜生名可為鹿頭之《人鹿也》以智有為人以形有不為人我始自
今日不食物肉云作此誓已國内下勅禁斷殺生則以此野宛為
鹿苑云々名自尒所傳也佛先趣此説法昔鹿王今尺尊也可見
六度經 私云佛於彼先教化拘隣等五人云々
昔有一人住《リ》雪山名曰雪山童子服《ス》菓食《テ》菓閑《メテ》心行道帝尺見之
思《ツ》其《ノ》子雖《ハ》多為其ザ菴《シ》花雖滋結子《コト》希《ミシ》 人之如此發心者
多成《ケレトモ》佛《コトハ》為《シ》難想《チ》凡夫希心觸《チ》事易動《ミ》恐若《ロチ》逗勵《ミ》如水中月

之涯波易動、被鎧之輩臨戦之恐《シ》道《ルカ》、此人之心欲《シ》試《フミ》知《ムト》其時《ニ》

佛不在世、雪山童子《ハ》昔《ソ》求《ニ》大乗経、不得《ノ》能聞、時《ニ》諸行无常是

生滅法《ト》云聲《ヨ》風《ムトクニ》聞《エ》驚《テ》見《ニ》无人、羅刹近《ツ》立《テリ》其形長高《ミテ》可畏頭髮

如炎、口齒《ノハ》如刃、嗔《ノ》目《ヒルシモア》昔《ワ》見廻《ス》四方見此不驚《ニテ》、偏《ニ》聞《カム》事《シミテ》勅《ムテ》寄《ヨル》辟経

年来離父母孝如《ニ》風、聞其《ヱ》聲、則此事誰《カ》言《ハン》哉有《ト》遺事《ノ》云、遍《テ》尋《ツ》求《ニ》

遂《ニ》无人、為疑此《フノ》鬼言《カト》、又不可尒、其故《ハ》見其《ニ》形、羅刹身也、聞其偈、

佛説之詞、如此之鬼口《ニ》不《ト》可云出《ヒ》、思《ニ》又无人、為此事海言弥《ハ》問鬼《フ》

答云我不言、物不食《ヒテ》歷多日《ヘテ》、飢《ニ》當飢《シテ》物《モ》不覚《サエ》、狂言《タハコトヲシルナラム》云《テ》奈良《ラムト》云非《テスト》

吾《カ》云《フ》言《ハ》、答、人又云吾《レ》自《ラ》聞《コト》半偈、如見半月、如見半玉、猶《コ》此云《カシ》言《ナラハ》去

説《テムヤ》問鬼、答云為尒云《ハ》以《ヒテ》、答《シテム》何物食《シカ》問《ルト》答云《フ》汝《テク》不可更問、聞《フ》如此《モチム》

恐、聞《シテ》又非可《ト》物云、人責云《テ》猶《ツ》問《シ》其物《シ》試《ミニ》求《ムト》云《フ》、鬼云我只《レ》咋暖《クライ》人

肉飲《ム》暖《ル》人血《ノヲ》飛《テ》空《ニ》普求《ツ》渇《ニ》世《テ》人多皆《ヒトモ》各有護《アリ》任意恒飲《ト》云《フ》其

時《ニ》人《ノ》思《ニツ》我今日捨身聞此偈《ムト》遺思《リツ》云《ト》渇《テ》食《カ》在《ハ》此不可求外《ニ》吾身

未死其肉應暖我身未冷《ヘハ》其血可温《チ》早説《ツ》此《ト》偈聴即与此身

云《フ》鬼咲《ロヲムテ》云誰《カ》渇《カ》言事《シ》可信聞《テ》後逃失誰《シカ》可證《サナハ》云《フ》人云此身後《ニ》捨時《ニ》

死《テ》不得一分功徳今日為法捨汙穢之身後成佛可得浄妙之身

如《ナリ》捨《チト》云器替寶器也梵王帝尺四大天王十方諸佛菩《シ》皆為證

人更吾不可偽云《フ》鬼云《ツ》汝有《トリニ》如言説《ト》云人大悦脱着身鹿《ノ》皮衣敷《ヒテ》

法座又手跪地《テ》云《ツ》唯願為我説《ト》半偈云《フ》至心深敬鬼云《フ》生滅已

寂滅為楽此時《ニ》聞此偈喜《ヒ》貴《フコト》无極後世不忘《ニヒヒテ》數度及深其《ム》心

所悦諸佛説空教覚所歎吾獨聞《リ》為他《チニ》人傳思石上《チ》壁《ヘ》上《ノ》水邊木

皮《ニ》皆書付偈《イク》願後来《ニ》之人見《トト》此文云即《テナ》上高《テ》木《ニ》落羅刹前未

（13オ）

至地之程羅刹戯ニ帝尺形ヲ受取テ其身ヲ坐平地敬礼云吾暫惜ム
如来偈ヲ試ミ悩スノ心ヲ願ハ免シ此罪ヲ後世必度シ救給ヘト云フ又天人来テ云ク善哉
ミミ實ニ是菩薩也讃テ唱テ半偈ヲ投ニテ身ヲ超ヌ十二劫ノ生死ヲ昔雪山童子今
釈迦如来也

昔有国王有三人王子兄曰摩訶波羅次曰摩訶提波弟ハ曰摩訶薩埵
父王入山林遊フニ王子等従ラフ于時王子等見ニ花果分遊廻チ入大竹林ル見テ
一虎生七子ムテ逼飢当羸痩レテ死ムトスルコト不久シテ兄王子云ク不暇求食物飢将食己
子云薩埵王子此虎ハ何食シカルト問フ兄云虎只暖血食若第二王子其匠
求物ナリカ能捨身有救此兄云物中ニ匠捨ル物无シ勝ル己身ニ第王子云我ハ
各皆守ミ己身ヲ非皆无智也賢人ハ捨身救他命ヲ云シテ心中ニ思ツ此身昔自
以来替セ空死ヌ徒ニ臭クサリ腐クヅ无一ノ所得今日何ソ捨身不救此虎思フ

三人王子如此云心《テ》憐《ニ》瞻《マテ》虎目不暫捨良久乃皆去又薩埵王子每《ニ》行
弥深思《フ》捨《コト》吾身今正《ニ》是時也此身危穢《ニシテ》不可勞《ル》此身不固如水沫《ノ》
集《ル》此身《ハ》可恐《コト》如敵《ノ》劔筋《ニ》骨《シ》連《ナリ》持《テ》血肉集成《ス》諸有智《ノ》人深《ツ》所厭悪《シ》也
今日捨此身當求宮足因尚切世普饒淨妙身思《テ》恐《テ》兩《ノ》兄《ノ》妨《ケ》遮《ヲ》先《ツ》
立行《チ》迷《チ》薩埵王子歸来《リ》入《テ》林中《ニ》至《テ》虎前脱衣懸《テ》竹《ニ》云吾為法界
衆生悲求无上菩提將捨《チ》凡夫所愛之身可得如來所樂之身云往《テ》
虎前任《セテ》身臥《ス》依慈悲力虎更《ニ》不食《ス》又思《ツ》此虎《ハ》羸弱《ミテ》叵食我《ツ》思《テ》
起折《シテ》乾竹差《サイテ》頸《クヒシ》出血《ス》又歩近《チカツク》虎前時大地震動如風揚波空日
无光四方皆暗《クレヌ》自空中雨《チ》花落《ツ》林間飢虎見《テ》王子頸出血作臥
漸舐《フリ》血食《ス》肉遺《ヌ》骨《ツ》二兄云地動日光失也花雨《チル》空中定《コリ》知《ヌ》我弟悲《テ》虎被《カト》
身歟疑若此ぬ見《ニ》弟《シ》衣懸竹血流地潤《ヌ》骨遺殘散《スニ》見之心迷《テ》

臥轉骨上泣悲云我弟良勝父母殊悲給何日若出捨身獨不離父母同給哉我不如何答白云叫泣良久共去悲悼時身不詣王御許薩埵王子之共人々何處奉求云時母后留宮殿高樓上見給三夢二乳房割流出一牙落又有三鳩鴿一被奪取鷹見地悉驚二乳字津々流出歎之間侍女走来申云不知食人々分散奉求王子未奉見出云后驚惑奔向王前吾子失給云王驚泣流涙引率諸人入林求給一大臣来申先二王子已坐薩埵王子未見給云王哭云悲哉始有子時歡樂无量終失子時愁悲而言又大臣来白王子已捨身王並后職心流涙無譬行見共倒地以水灑御面良久有蘇為我先子死見如此事大悲云叫哭稱胸轉地如在陸魚取其殘骨置率都婆中昔薩埵王

子共令人迎來畢乙見最勝之
又西域記云其河地之草木于今猶赤色也如塗血人踏其上心
驚身痿如刺悲有信心无信心无不悲動事无悲哉
昔葉波國王有唯一太子名曰須太拏太子色勝如光心深憐人
貧者悉近集乞物莫任王寶施乞者与王有一白象力等
六十象敵國來戰時此象必勝敵王ヵ謀使遣太子許令乞此象
太子云此王重寶也失必罪深云雖乞又思爲不與此人傾遠
我擡思安金鞍与八人皆乘悅咲去大臣驚申王太子盡
寶施人倉漸空取象与敵國已將破猶重可試給申王大
驚歎大臣申追太子遠也國堺望深山十二年ヵ限定給
申隨此遣使令象是担歎寶也殺説破國也此事叵恐

早去我国往檀徳山令言給太子云王已无諸寳取用言
焉同王寳内思不言焉与已住今恐不乖作令言王子
有妻国王女已白无並心勝人也又有二人子思一男一女也太
子驚寝妻云起給君并未知欲大王退我遣檀山妻驚
何曰同太子恐依焉焉於人也女流涙云吾同行太子云此山
遠遙也空常陰暗雷雨不絶諸猛獣毒虫多住石巌
山荊棘繁道未知飢到彼山木子食草菜遂未習
者吾為猶可忍耐君若何為面給云女又云経有諸苦作生
更不別我深憑君如子之持祖同行共死不誤本契云太子捧
共往母后許白更不可思吾只誅事王給為有民者之故如
懇言以合白給后流涙云吾身如石无心吾子只君一人常

見《タニ》猶《ミ》不審《ナリ》遥《ニ》可遷《サル》。從聞《ハリ》。魂消《エ》心乍吾任《セム》君之附《ニ》如樹合《ノスルカ》花《シ》。

春自生君之後《ハ》如《コト》結《タルカ》樹子《シ》。恃《タノム》不憶《シモハ》南國《ヘタテ》。弃《テ》我遥《ニ》別去《トイヘトモハ》相

瞻《ミテ》容《カタチヲ》。而去流涙給無限。二万夫人大臣皆聞《テ》痛《ム》別《シ》。太子出宮《テタイフニ》。

諸人泣《テ》送《ル》見老海道。哭聲《ヱ》響《ス》國。太子還《ミ》遣《テ》送人《リシ》。漸遠《ハ》去《タイフ》

人来《チ》乞《フ》馬。自下与馬。又一人来乞《テ》車。下妻与車。人来乞衣。脱

太子妻子衣。皆与《フ》去人《ヌ》皆去。太子肩男女子。妻肩女子。徒《カチョリ》漸《ツ》

歩行《ツ》出山。去國《コト》遠。遠《ハ》道有《モ》留《ヌ》安之人《ヤスメムトスル》。填王《ムテ》命《イニ》。不留《シテ》。歴《ヘテ》三七日。苦《ミヒ》

移到《インイテ》山。其山《ノ》北《フモトニ》有大河。扶《ワタシ》渉《ル》出。又山中有一人。尋《ネ》過《テ》出。問《テ》可住山

之所。諸《テ》欲《ヒ》習道之者《サス》一人驚《イ》悲《テ》歎《フ》甚感。太子山中《ア》巌逢《リニ》作《ル》

三果《ノ》薗廬《リシ》。一自居一令妻住一令遊子。男子《ハ》七歳随父《テ》。出入《シ》。女

子六歳随母。出入《ス》。飲泉。食菓《テシ》。送《リ》日。過《ス》風。谷水蕭《カスカニ》流《レ》山鳥《リ》

悲《ヒ》帝《ル》时《ハ》只往《テ》導師所《ニ》結界《シ》習《フ》道《ヲ》。尓时鳩留国《ニ》有老衰《ノ》
翁《ナ》。鬚髮白、面黒《テ》目爛《タレ》口斜、其形如《シ》鬼《ノ》。有《リ》為《ハ》妻、責《テ》翁《ヲ》云、吾自《ラ》汲《ム》水《ヲ》
見《ル》人悪《ミ》咲《フ》。汝不求《メ》仕人《ヲ》。吾更不有《ト》云。翁云《ソ》、我貧《シ》誰《カ》仕《ヘム》。妻云、須太
拏被《レ》追《テ》深山《ニ》在《リ》。二子汝乞《ハ》可得《テムト》勅《スム》。翁懸杖来《ル》太子所《ニ》。尓时太子《ノ》
妻拾《ヒニ》菓《ヲ》出去《ヌ》。又二子恐《シリテ》翁《ヲ》逃隠《ル》。翁云、白《ス》速《カニ》辟《ナヘ》道、歩《チ》挙《ルニ》足《ノ》痛《シ》
又飢亂《セリト》云《ス》。太子憐《テ》令飲漿《ジ》、令《メ》食菓《ヲ》給《フ》。翁云、別《サカニ》心《シ》有意悲之
由《フ》併《ヘ》太子云《ガリ》我已窮《ニ》盡《ヌメリト》言《フ》。翁言《リ》我年老《テ》身羸《ヨリ》遺命已堪賜《ニヘ》
二御子扶養《ム》身《ヲ》。勤《ニ》悲《フ》乞《ヌ》。至《テ》三度。太子流涙《シ》思子无限《リ》。悲《コウ》翁弥
深《ツ》遥《ニ》帰《テ》来《レリ》不遠《ト》所顧《ミ》言給《フ》。翁大悦《テ》太子呼《テ》子《ヲ》、遥《カクレ》呂不答。自
已衣《メ》取《テ》語《フ》為我《ハ》祖《ツ》思《ト》酒《ハ》才人。往《ケ》二子入《ラ》太子腋《ノ》下。叩哭《ク》云、此翁《ハ》
是鬼也。遣《テハ》吾致《シテム》命也。毋《ハ》還《テ》求《マ》吾。如《テ》失《ヘル》子《ヲ》、牛走迷《ハ》又必悔悲

給《ナム》猶《シ》暫《ソ》待《ト》母《ノ》還給云《フ》翁白《サク》母《ハ》来給《ナハ》爾被留《メ》妨《ケウ》君被《レハ》恵《メクニ》早《リ》給《ヘ》将去《サテムト》
申《ス》太子強《ヒテ》言《ヒ》誘《ヘテ》引《ヒテ》授《ツ》時《ニ》大地震動《ス》子逃《ケテ》到《テ》太子足前《ニ》云《リ》昔我《レ》作《テ》何
罪。今遇此苦。被結《テ》困乙種。為鄙《トナルラムト》民《ノ》仕人《カヒヒト》。云《テ》共《ニ》哭《フ》太子誘《ヘテ》語言《ク》祖《ト》云《ヒ》
子云《ヘモ》従《ニ》皆得《ハ》別。万事无常。何〻作《モ》可《ス》帰《ム》。成仏之時自得導度教
誘授猶悲不見母面長悔我母何曰今日遅晩給我今欲去早来
見吾給哭臥轉不去老翁云年老无力足蹲之匝歩此二捨我
道逃走行母所更吾争得猶縛二人手授給云太子随言捕二子
手翁寄縛捕縄端引猶相不歩翁以答打血出汙地太子云
遥見此涙流地〻則震動山獣囀哭太子遥見送二子遠行隠母
伺見父獨坐給尋求二子問不答強又問貧翁乞授遣答母
倒地臥轉流涙叫哭二子捨吾誰付何去寤寐時常在左右

我手有菓惋来乞吾身有虚無佛禅遊戯丸去作禽獣形
種々遊具遺留所々見此弥悲吾心如割只数其り方之り相見哭
迷太子云君始結契之時縦有諸事不遠我心云今如此惣乱我心
非本契数誘給哭轉不起暫有人来云我君之妻良好心勝与
我云答云實有然令故来与許也言給妻問云吾佐部与人誰
副将奉養云太子答云我為借君可遠擯内人願之心云女授此
則大地震動此人取妻七歩り太子更无悔心人昭返妻云我
是天帝尺也見与子於人乞妻試也何事願我与云乃帝尺
形女礼云願去我子孫令思賣子迷遣大平国給云太子我只
求佛道度衆生故施於人之思云帝尺讃云善哉此時彼
孫得子昭家妻云此子仕臣堪賣此買取奴云云孫賣子往

檀国迷遥到本邦見人皆此太子御子也太王孫也申王后前問
給申王白申太子給也貴人来申王大悲后并子坐膝給不登
王是我同給子言昔王孫之令民仕人ト云王哭問二子直給前不
訴申子云男子直廿女子直百ニ為王行可然問給答云太子国
王御子被追遣山中昔為此故男子直廿仕人賤女親修宮楽
為故直可然申王聞此弥悲年八歳稚子言賢哉言為賜
直前陶王此子太子年在同給食菓在王大流涙遣使后太
子使至傳王辞申太子去我后共憂悲不食不寝送年過
月白毎日哀疲命已臨危早陶相見被作云太子言父王已罪
我限十二年只過一年々陶自陶使還申王又手自書云太子
深訪人也去時訴思近陶時長不食書給太子讀王此書思后

宮俗事出廬乗車顧山落淚國人皆悦佛道焼香調楽出
迎太子歓國此乞取白馬置錡鞍以寶作又金鉢盛飯粟
鉢飯盛金粟使立道悔過言吾是乞馬令衆太子始行山
閉悲巨限今陶宮閉歓喜極返送白馬副金粟献頭佰秋恋
先吾衆云太子返遣馬云送使悦云又父王乗馬出相見迎母后
見子悦其語太王讓寶九充量太子施人称過前自此以後民
豊富賤絶賊失歓國来随世平也　昔須太拏太子今尼菩薩了
見太子須太那経六度集経也　西域記云檀特山中有寺称婆
太子昔住之處之其傍有寺称婆太子後子所之前得子打時
血流染地于今諸草木皆赤色也
昔迦夷國有長者夫妻共年老二眼盲有一子名曰睒童子

心好十善懃孝仕二親、父母入深山行佛道思有志家悲別一子
山无可相從人數空送年月不遂其志云。睒語父母云何因
衰吾不遂本懐。世皆无常人命叵留。早遂本意、給吾副
奉養。父母大悦則計家内物普施諸貧人。睒将往二親坐深
山中結構草廬重敷蓬莚尋汲谷水求拾山菓未先自食夜
朝出拾菓
宿三起見祖寒温。獨養二祖年月多積。深有慈心、禽獣皆
馴。于時祖願乞水。子往谷汲水、被鹿皮衣、以髄屈詣鹿集飲水相
交形。同于時國王入山見鹿射。誤中睒胃。睒即倒轉云、誰人一箭致
三人烏丸取牙被致、犀依代角死、吾无所取、何曰被致云。聞音人
也。發馬自馬下近寄、汝何人。其形同鹿誤發箭也云。答申我老
祖坐此山養人也。申了聞落淚共人皆哭。于時大風俄吹起打木

(19オ)

枝方鳥悲啼諸獣走叫日暗无光雷震動地ヱ弥悲思云我誤
致孝子命此罪甚重悲哉求小味之程将受極重之罪云何
生海歎乎自投矢深入不出睒申此非ヱ咎只依昔報之自身不
惜只悲父母命我祖年老共皆目盲一日无我可失遺命ヱ弥
悲泣云海従不出吾更不還来留此山代海養祖諸天龍神
聞此言吾更不誤睒聞慌貴无限實養祖給吾死不有歎
申ヱ哭問海未死ハ前今教知祖在所答言自此細道行給去此
不遠有小草廬祖在其中漸歩閑行給俄不驚祖心詠討
語誘給俄不迷祖魂又我傳語我父母給人命无常我於此長別
今又馬歸誰欲送遺年只思此事死魄不安死是常道之誰不免
努力〻〻勤寧悲空无悩心願後世常相逢長不忘雖申死告

俗云則死了又諸人聞此流淚挙聲大泣教道尋行到巖許旨二
祖人多驚相聞誰来問答云我是国王也海入山行遊聞故来将供
養也言驚喜貴希此新草送備暫此可息俗中採送奉居了
言来住此山每否答申国在大王我有孝子依存我君徳世周年
豈也依孝子養飲菓飲泉更无不足又无苦此山菓令食吾
子汲水罷今歸来申主不堪流淚云吾祖待子痛如割吾入山射
麋誤中汝子甚事悲依来也今只馬我代汝子養言俗父母
聞此投身倒轉如山頽了自手杖起泣悲申我子慎深友吾
无咎今日为王成何失被致申千时大风飢吹山鳥悲泣我お
来此歷廿《二十》餘年未有如此之怯我子行答為有何事疑已不虐
歷歟時死歟申了具子言辞傳如此云死言祖聞此弥迷申一

子已死今帰謂王将死願大王今刀我並吾子死所於同處也
歎申王深悲手自取二人手剗将至其所父懐子足母懐頭各
以手刀胷失母又以舌舐其疵云教白三世佛飯毒氣皆入我口
歎吾歎吾生五子吾年老目盲汝相替死云又父母揚聲叫云又
我子孝子事佛持法敬僧養祖其孝心天地被知此失自拔其
毒早消失去視而来絶命更蘇若其孝心不實吾云從死驗
從此從命同共力虔叫嘆此時帝尺之座震諸天宮殿皆動則以
天眼遥見此所闍祖寃子悲歎儀悲孝子祖之心梵尺四王共到
天神地祇皆聚集帝尺現形語祖是實孝子之我为扶之天藥
灌睒口其失忽拔其命則生父母驚見両眼已開了禽獸飛
走其聲悦樂風止雲晴日明花鮮也國王大喜礼帝尺礼父

母及子云盡吾國寶皆与行道之人吾又長留山朝暮扶養
睒申云若欲報恩早向本國撫民勧人令持戒給又无得此
世身不安彼世入地獄又昔作功徳今得國寶任之无憚恣无作
罪國王大悔過自今以後如汝教有云又但為千人彼天人下灌天
藥其子并祖眼皆開見皆大悦貴長持五戒限壽不破思已歸
國普告言諸有旨父母如睒之類皆當扶養為有悩乱者當重
罪云諸人民如睒發心上下相教五戒行十善死皆生天无入悪道
者佛告阿難言昔睒者我身是也其父母者今浄飯王今摩
耶夫人是也吾如此早登佛位是依父母恩又依孝養力也人有
父母不可不孝世有貴道不可不学見并睒経并六度集経也
讃曰　不登高山时　不知天高　不臨深谷时不知地厚　若不見并

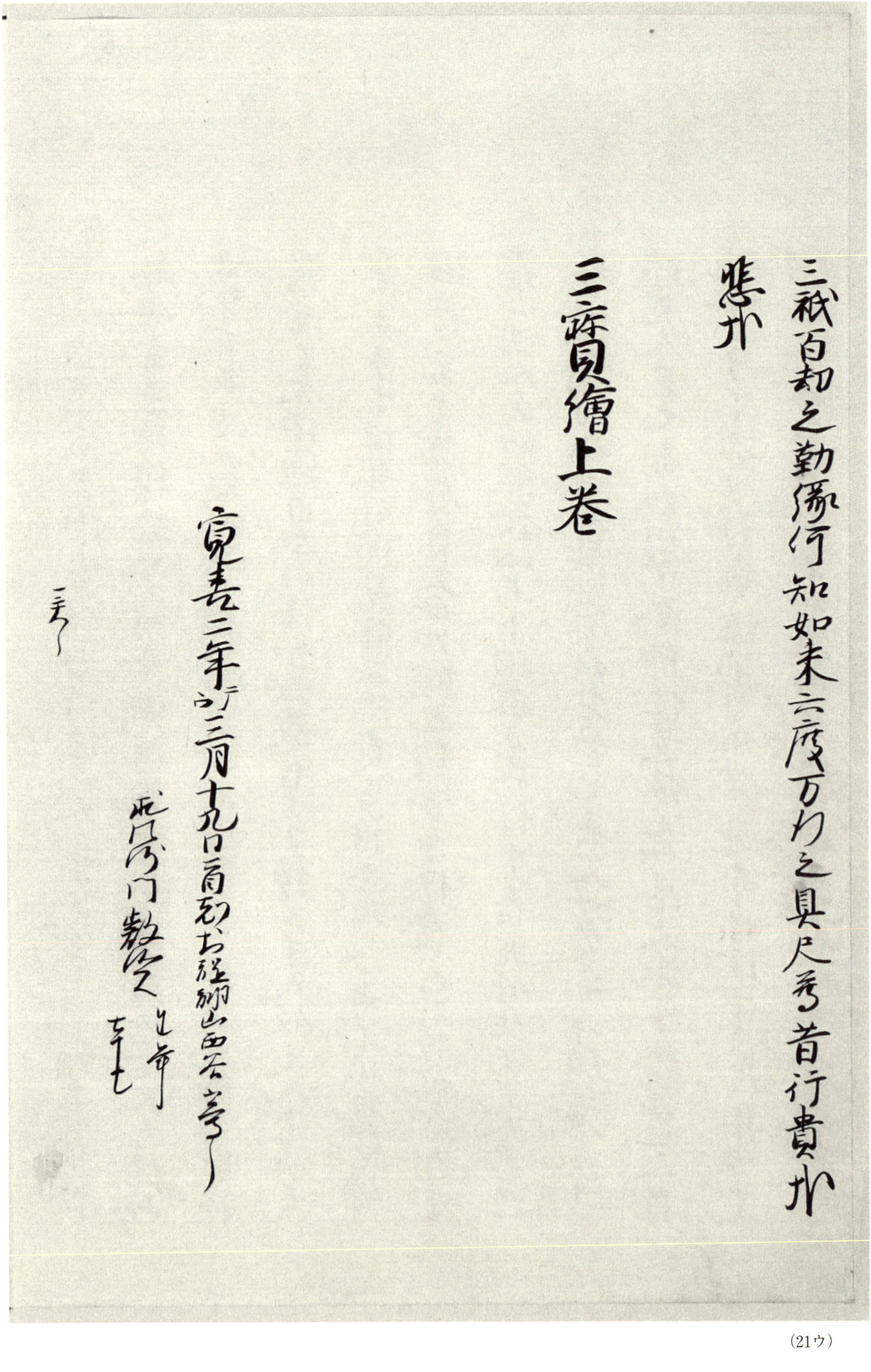

三祇百劫之勤修行知如来六度万行之具足為菩行貴哉
悲哉
三宝絵上巻

寛喜二年〈庚寅〉三月十九日酉刻ゝ於醍醐山西谷書了
沙門敎覚　生年廿七
一交了

上巻　裏表紙

中巻

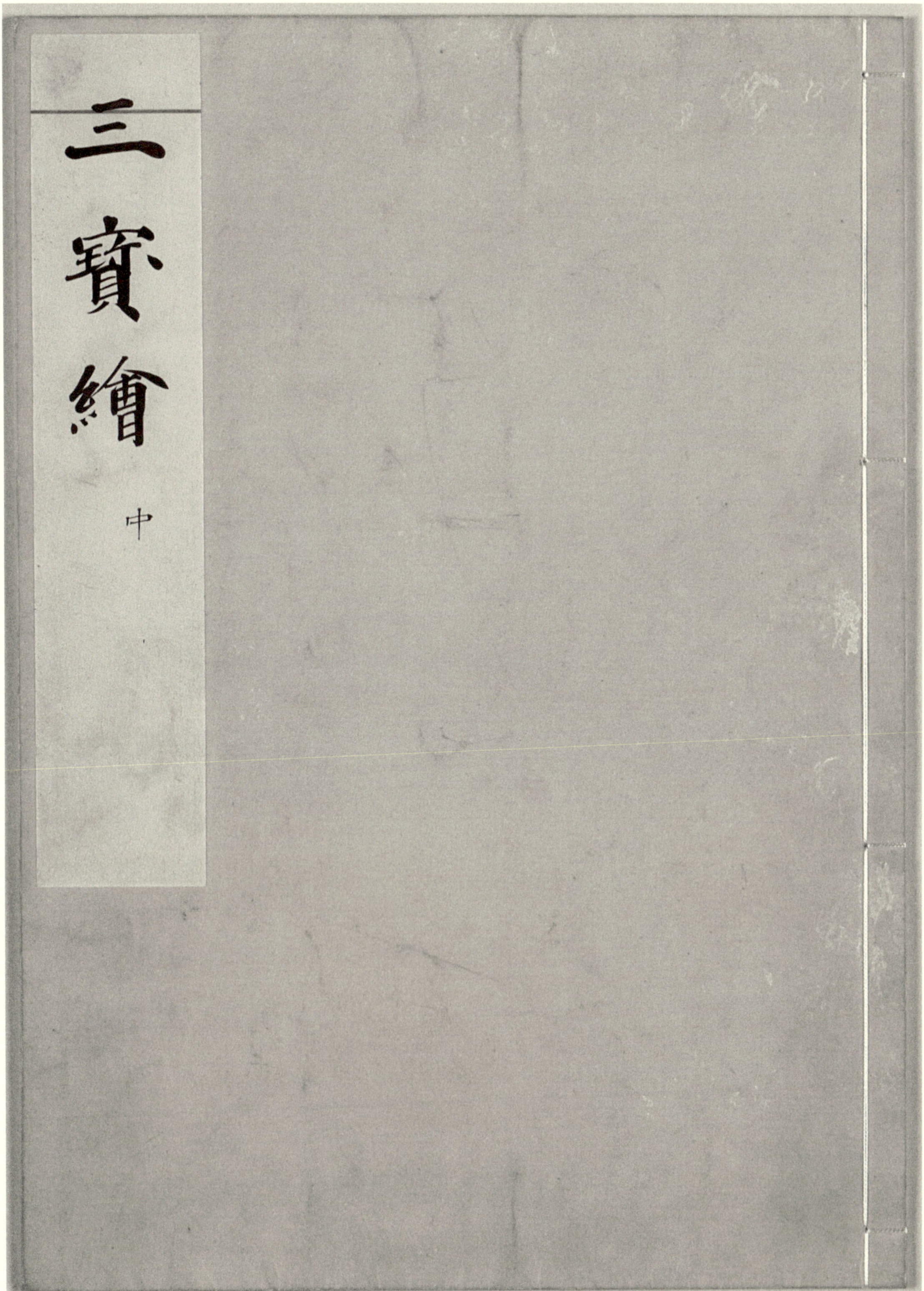
三寶繪
中

一七
大二五

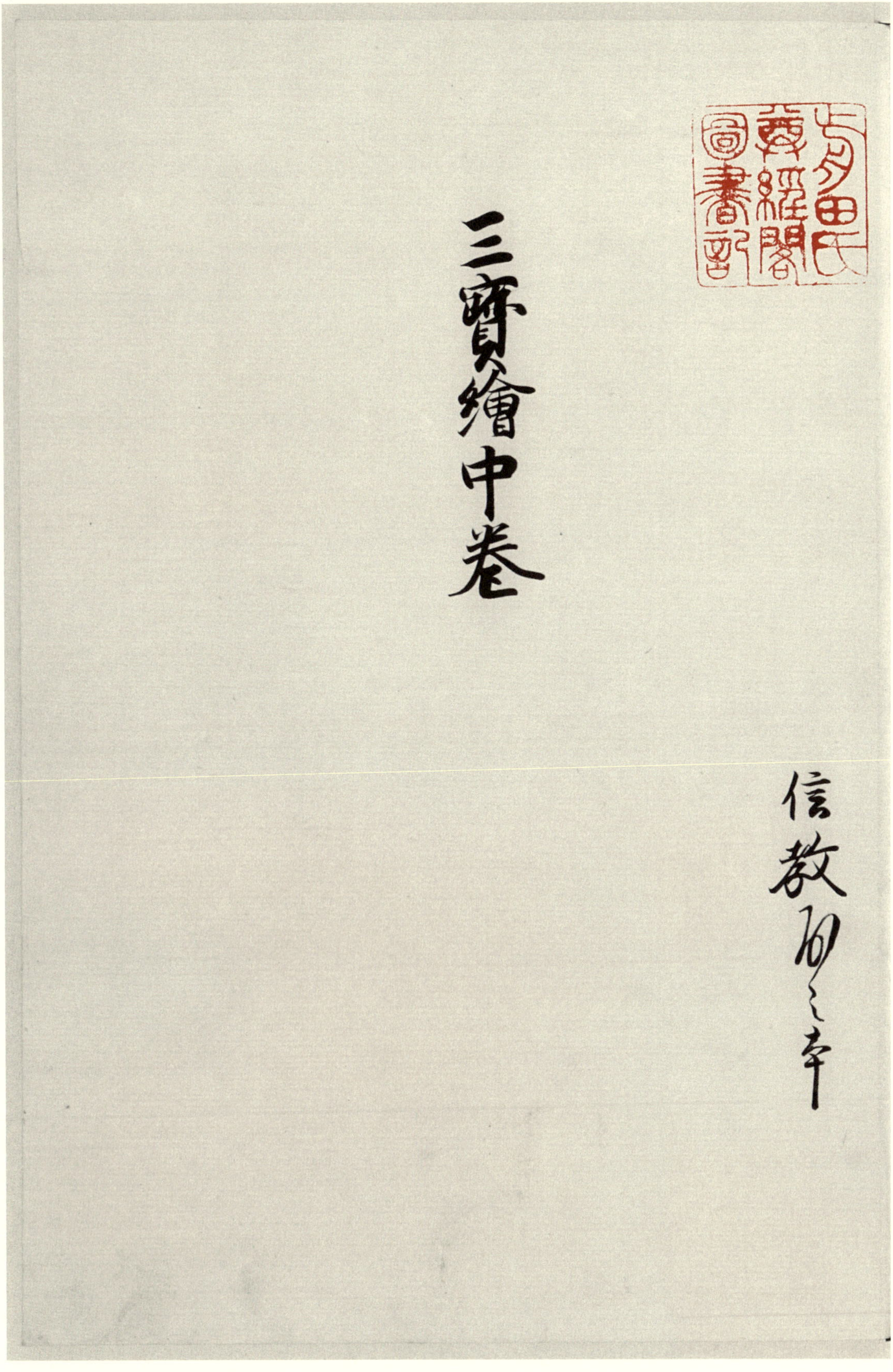
三寶繪中巻

信教

三寶繪中巻

釋尊法者従成正覚給之日至入涅槃給之夜所説諸事无不一實初花厳令悟菩薩《ニ》如日先出《キ》照高山次演阿《チ》含令知聲聞如日《ノ》漸照深《カ》谷次於《シ》方等説方等部《ノ》諸経一音説法衆生随類各得解如雨一味雖樹草木随種得潤一十六會之中説般若空理卅余年之内開法花之妙道遊鷲峰　思頭鶴林音絶迦葉傳於詞金剛阿難出身越究遂樓調千人之羅漢惣注置一代之聖教自此之後廿余人之聖教自此之後廿余年人之聖受傳十六大國之王弘護抑為隠給正教留同藥《留》醫師之列誰不除苦之病似鑿珠親友之玄可覺无明之眠天竺大佛頭説之境震旦大法傳弘之國也開化二處仏法漸下淡唐貞観三年玄奘三蔵行廻天竺之時鷄足山古道竹繁

人不過孤獨園昔庭空失僧不住往摩訶陀国見菩提樹昔国造
観音像皆没地底自肩之上纔出也佛法失終之時此像可没了
宣唐聖多道昌教有乱時後周世大魔風扇将滅法燈霄濁禪師々
悲恨身而捨身遠法師々借道對王与論罷開皇之比重弘大業
之世又衰晃帝神歎山鳴海沸又會昌天子多焼経論宮中云
卿侶頭而嘆門前官人悲流涙与悲彼貞観三年於未隣三百余
年想像天竺觀音像入了會昌已後及百廿年推量大唐法門
之数少成究貴々々佛法東流盛當吾国要紀々聖昔多顕弘
道之居継于今給十方界臣會无量劫臣聞大乗経典於是聞見
之事不小縁法音如毒鼓一聞致无明之怨経名同藥樹纔語救
輪廻之病是故進志刻身皮可寫大乗々文説給敬心以息不吹

従夫々慶識給彼雪山童子求半偈捨命寂廓仙人楽一偈破身
常啼乞東善財求南薬王燈臂普明欲捨頭縦一日三度恒沙数身
捨猶仏法一句息不能報床下聞経大生舎衛国成千林中聞法鳥生
切利天受楽禽獣如此況人々慎聞此滅度々後像法比至大唐漢
世明帝之时始傳自天竺我國欽明天皇之世遅来百済我今合掌
頭如来教法妙事也
昔言上宮太子聖御坐用明天皇始親王御坐之时穴大部间人皇女腹令
生御子々始母婦人夢有金色僧云我已有願宿御腹我救世菩薩也
家在西方云暫入口内見被任太子伯父敏達天皇治天下初年正月
夫人廻宮中至厩許程不覚生給御共人懐入殿俄赤光自西来入
御身甚香四月之後能語給明年二月十五日朝心合掌向東南无仏

太子十六歳自百済　来経論疏太子養給於持渡
同癸月八日七　十五日廿三日廿九日卅日是取六斎日
殺生可止帝書給詔天下此日々殺生令止給八年
仏像太子癸給西国聖釈迦牟尼像也自百済国日羅
云人来身有光太子密被凡衣交諸童入難波館見日羅指太々
子佐太子驚去日羅跪地合掌云敬礼救世観世音伝燈東方粟散
王申程日羅大放身光太子又自眉間放光給又自百済国持渡
弥勒并石像大臣宗我馬子宿祢受此像於家東造寺奉仏舎利之器也尺尊所舎利自来大臣所祈者飯上得
居敬置尼三人供養大臣於此寺立塔太子云仏舎利一粒入瑠
璃壺置塔中礼太子与大臣一心弘三宝此時国中病発死人多大
連物部弓削守屋与中臣勝海共奏言吾国自本礼尊神而宗

敏大臣佛法云物起行因之病起世人民皆可絶停此佛法人命
可殘奏詔日所言明早絶佛法太子奏曰二人未知因果之理也
行善事者幸至行悪事禍来此二人今必遭災奏有宣旨
守屋大連遣寺壊堂舎焼佛像焼殘之佛棄難波堀江三
人之尼責打追出此日无雲大風雨太子曰災今起此後風病起
世痛病如焼割二臣殊重悔咎奏言臣等之病若痛臣乞願祈
三寶又有勅召三人尼賜於二臣令祈久改今造寺絶去佛経
[illegible]之又用明天皇即位二年有曰吾欲帰依三寶宗
皆召法師入内裏太子悦取大臣手垂涙曰三寶
此奇心善哉　[illegible]無後或人密告守屋大連云
[illegible]討武備聞之阿[illegible]　[illegible][illegible]集武中臣勝海連之發[illegible]

（3オ）

仍大臣又帝奉宣此事聞我弟我大臣白太子去率軍伐
一稲城防戦至四強壮也御方之軍恐惶三度退
太子十六也立将軍後示軍監秦川勝取白木令刻造
四天王像上髪挿鉾發願云令我等勝戦者将顕四天王
立寺塔大臣又如此願進軍戦守屋大連登大櫟木祈物部氏
大神々放矢中太子之鐙太子又作舎人跡見又令祷祈四天王放
矢遠中大連胸自木倒落其軍乱破迫征切守屋首家内財庄
薗皆為寺物玉造岸上建四天王寺自此仏法弥盛也太子伯父
崇峻天皇即位此御世太子十九而冠又太子伯母推古天皇即
位国政皆《付》太子給百済国使阿佐云王子来拝太子致礼救世大
悲観世音妙教流通東方日本国卅九歳伝燈演説言給太子

自眉間放一日光大乗献甲斐国之駒四足白人雲去東使丸飼馬
右人々作見望千信濃国廻三越境有三日還給太子於推古天王御
前登高座講勝鬘経給令諸名僧問義説答之事妙也三日講了
夜自天雨蓮花廣三尺々海地三四尺明朝帝御覧其地立寺今之
橘寺也其花于今在此寺又太子内使小野妹子前身在唐衡
山持経遣取教云赤縣南有衡山々内有般若寺々我昔同法皆死只
今三人有名我使其所住時法花経合一巻有之持来云妹子
度行随教到門有一沙弥見則入思禅法師所使来告老僧三人
竅杖与出院咲教使取経即持来太子於斑鳩宮寝殿傍造
屋号夢殿一月三度沐浴而入明朝出語閻浮提事又入其内造諸
経疏或度七日七夜不出閉戸元音高麗恵慈法師云太子入三昧

室不奉驚〻八日出給玉案上有一巻経召恵慈語曰我前身在
衡山之時持経是我遺現也今取也与其経見合彼経元有一字黄
紙有玉軸又自百済国僧道欣等十人来奉仕先世衡山説法花
経之時吾与盧岳道師時〻参問人也申後年妹子又渡唐云〻
衡山有前僧独遺語云去年秋汝国太子本者思禅師乗青龍
車従五百人東方踏雲空来探古室中取一巻之経淩雲去云〻明
知入彼夢殿之間事也太子御妃膳氏惟傍太子語云君如我心一
事不違幸也我死日同穴可埋妃答申千秋万歳朝暮奉仕思
有何意今日終事言太子答有始者有終物定理也一生一死人
常道也吾昔替数身修行仏道纔為小国太子流布妙義
无法文之處説一乗之教不欲久在濁悪世妃無後承之李

自難波宮京行岳山道之邊飢人臥黒駒不歩留太子自馬下
給脱紫上御衣覆賜歌云料照哉行岳山飢直弖臥留其猿人
哀祖那芝之千那礼難利介如也指竹乃君也裳飯飢直弖臥留猿
人哀飢人頭持挙奉返斑鳩野鵄乃小川能絶波故曾我大君能御名忘馬
太子歸宮之後飢人死太子悲令葬納大臣等謗此事有七人太子召
言往行岳可見即往見其屍棺内甚香皆驚在太子坐斑鳩宮
語妃子沐浴頭洗被淨衣吾今夜共去言並床卧給明朝久不起給
人々開大殿戸見共隠御顔如本御年卅九也從日黒駒嘶叫不食草
水隨轝至墓一嘶斃死埋其屍太子隠之日自彼衡山持来経忽失
今有寺妹子度也自百済持来尼迹仏像等今有山階寺東堂在自
同國弁弥勒石像等今有古京元興寺東堂在太子奉造四天王寺

法隆寺元興寺橘寺蜂岡寺池後寺葛木寺等太子有三所名
一云厩戸豊聡耳太子言宮厩之許生給十八一度愁訴聞不
漏一事皆裁給依也又云聖徳太子言生進止威儀皆似僧作給
増法花等弘法度人依也又上宮太子言推古天皇御世令任太
子宮王南令知国務依也日本記平氏撰聖徳太子傳上宮記諾
楽古京薬師寺沙門景戒之撰日本国現報霊異記等見也
役優婆塞姓賀茂役公今云高賀茂朝臣氏也名曰
小角大和國葛木郡茅原村人智廣恵多心歸作爲三寶
爲常志又有求仙之心住葛木山卅余年居巖中被藤皮食
松葉浴清泉洗心垢習行孔雀王咒踊得奇験或乗五色雲遊
仙人都外従五位下韓國連廣足始メ敬以爲師後妬且一

賢云家ㇱ狂世去也為國可悪申仍若夜召仕鬼神令汲水伐
薪莫不随者召数鬼神云葛木与金峯山造度橋力告通道
神等雖愁歎不許責者侘擇削調大巌度始晝者形醜夜
隠度云夜々營造行者召取葛木一言主神云有何恥可隠形
凡者不造以咒縛神置谷底藤原宮治天下之世一言主神詫宮
人云役優婆塞成謀欲傾國公驚遣使捕依飛空不被捕繞捕
母行者欲代母自忽来被捕則文武天皇三年己亥五月丁巳日流遣伊
豆嶋浮海上走如蹈陸居山飛如鳥翔晝棟公鳴夜行駿河國富
士峯行可願被許ㇱ嶋出云庭伏罪祈及三年大寶元年辛丑
五月被召上漸近衛前登空飛失乗月浮海遙去不返朝道照法
師奉勅為求法度唐之時請五百虎請到新羅山中講法花之庭

有人吾國語而舉疑道照誰問答云我本有日本役優婆塞也
神心狂人心悪國去也今時々往云吾國聖知自高座下求忽失一言
主神被縛于今行者未解云々　日本記霊異記居士野中廣撰日本
記名僧傳等見也古人傳云役行者自身居草座毋乗鉢渡唐
葛木山谷座常閑物吟叡人尋至見大巌大藤纏縛疊疑切放
即如故成欲度橋巌前造于今有峯云々
第三行基菩薩本薬師寺僧也俗姓高志氏倭泉國大島郡人
若剃頭即讀瑜伽論好悟其意周遊諸國教人越法道行過之
或元居宅人競出礼至于悪路造橋築堤見善所造堂云寺畿
内卅九處有他國々甚多人相継至于今住周遊天下還故郷之時
人々集池邊有取魚食所過其前捉男人未作膾旋進受此入

口則吐出膾皆成少魚入池見人驚恠誡咎之古京元興寺
村人設大法會請行基菩薩七日之間令説法男女僧尼多来聞
其中一女調作鹿油引頭髪交人中居傍人不知行基遥見云甚
臭在彼所女塗獣油女大恥出去見人驚恠如此奇事多天
帝深貴天平十六年冬授大僧正職賜度者四百人爰智光大
師云僧有智廣名高作傳戴経疏弘法為世所貴嫉謗此行基云
吾智深僧也行基智淺沙弥也何因公家貴彼弃吾云往河内国
籠居鋤田寺俄受病死経十日蘇云閻羅王使召吾往見道金楼
閣遥有問使行基菩薩可坐之所也云又往熱烟来處又問汝可往地
獄云至者即吾令抱鐵柱肉解骨砕受苦无量也閻羅王云汝豊葦
原水穂国有行基菩薩謗為勘其罪召也今汝将還云副使許

（7オ）

遣也云則叉頭謝其罪行基𦬇有難波穿江作船津所乙行基
見之暗知其意咲云何曰見合面可叵思云智光愈恐耻流涙
悔過天帝大安寺作乃欲供養講師可及行基𦬇言自不堪其
事自外國今大師可来以其可令奉仕奏及于可供養之程難波往
迎申請公家率百僧之次行基南第百治部玄番雅樂寮共
乗船調音樂往到難波津見无来人行基備閼伽一具遣迎盛
花焼香浮潮上无乱去遙指西海去徑暫之程乗小船波羅門僧正
云𦬇人来閼伽不乱浮於小船前向来𦬇者自南天竺乃遇東大
寺供養之日来也自船下濱遙取手挽咲行基𦬇先讀歌靈
山乃尺迦乃御前尓契亭之真如不朽會見鶴鴨僧正迦毗羅衛
尓共契之買阿利亭文殊乃御顔相津留鈍即上都是知行

菩薩者文殊也天平勝寶元年二月終給于時年八十已居士野中
廣攝日本國名僧傳行基作靈異記ニ見也具可見彼耳
肥後國八代《ヤツシロ》郡豊服里人豊服君妻妊胎寶龜二年辛亥十一月十
五日寅時產一肉團其形如明月夫妻不吉事思納桶隱捨石山中経
七日往見如卵開有女子父母取伺乎乳養聞皆怪歷八月俄大成
身三尺五寸自然有智詞妙聰明也七歲以前誦花嚴八十
巻皆暗誦淨樂出家剃髮成尼行道教人其音貴悲聞者落淚
其形異人隱所處例但缺有尿道世人異者咲時名曰猴聖時ゝ
分寺僧豊前宇佐大神宮寺僧二人惡時云汝是外道也咲謗惱時
奇人自空下以手眦《ヒリ》二僧之死我皆死寶龜七年之程肥前國佐嘉《サカ》
郡大領佐賀君子小君云人設安居會大安寺戒明大德女竹

紫之師請令講八十花嚴此尼日々来不闕座有衆中聞講師
見之罵恥云何尼優可更居尼云佛大平等大悲故爲一切
衆生流布聖教何故別制我給有疑事問申云々花嚴經偈
問講師不能答此座智德名德僧奇各問意見尼能一々答此
妙々聖無疑之定名曰舎利菩道俗靡不敬此爲化主皆随其教
昔佛在世之時舎衛國須達長者女勝鬘生卵十枚男十人成皆得
阿羅漢果伽毗羅城長者妻任身七日産肉村開百童子有一時出
家百人共得羅漢生吾朝之内可准古也此事見靈異記也
小治田宮治天下御世衣縫伴臣義道云者忽受重病二耳共
聾悪瘡普住年不差自思是昔罪之所招也非此世所力自長
生被厭人者不如行功德早死掃庭莊嚴請義禪師浴香水

浄身發信心令讀方廣経更義禅師白言今我行耳一并名聞
唯願大德後代尊思云禅師聞此歡喜礼此行耳伏聞義通大
悦禅師又礼二耳共聞遠近聞者莫不驚怪人心信深法力不虚
事知見靈異記也　又播磨國餝磨《シカマ》郡濃於寺元興寺僧慈應
大德得檀越請安居之間講法花経此寺邊在漁翁自少至老取
魚為業餓宅門之桑木中臥轉痛叫云燒炎責我人助吾人
集救寄又叫云无近吾寄身燒云其親属走往寺求指行者將
来令加持良久免燒事所被衣袴皆焦弱大恐懼詣寺於大衆中
恥罪改心脫衣誦経又不漢成見靈異記也
義覚法師者本百濟人也彼國之破時吾朝之後岡本宮治天下之
世度来也住難波百濟寺身長七尺廣学佛教也誦心般若経同

（9オ）

寺僧恵義夜中獨出見入義覚室内明光照耀窃穿窓紙見
見義覚端居誦経光出於口恵義驚恠明日告人々悚敬義
覚語己弟子云我一夜誦心経百遍許後開眼見室内四面壁穿
通庭中顕見我奇出旋行寺内返来見室壁牖皆閉也後又誦経
開通又如前此心般若経不可思議也云見霊異記
越前国加賀郡有執行浪人事之長有自外国来人者尋注其名
駈仕雑役着徴調庸于时京人小野朝臣庭丸成優婆塞常誦
持千手陀呪廻至彼郡神護慶雲三年己酉春三月廿六日午時
其郡御馬河里此長通彼行者問汝何国人答云我修行者也非
俗世人答長嗔云汝形猶俗之浪来付国争不速云行可不出調庸
責縛打追仕于时行者云衣服盛頭黒頭服下衣白衣垂随任所頭

其色法随所持可頭其力先之吾頭戴陀羅尼背負千手経依法
力不遭世禍焉何故持大乗経吾身元罪被縛打見恥陀羅尼若
験坐者忽示其験德云〻縄懸千手経於木枝去寸所与長宅相
去一里許也長肉宅门前自馬下強着不被下則下乗馬登空行
受千行者被打之處留空中過一日一夜明日午時昨日及打行者之
程落死其骨破折如入算袋諸人見之莫不恐懼者法力験德
顕明也見霊異記也

昔山城国有一人男与沙弥打碁之程乞者来門読法花経乞食
沙弥聞之軽咲誹故斜口擬音学読俗聞之碁詞究誤〻〻云俗毎
度勝沙弥毎度負于時沙弥即乍居口斜求醫師〻〻藥治之竟不
直法花経云若有軽咲者世〻将歯缺脣醜鼻平足了度目角

脒云是也見霊異記

聖武天王御世山城国相楽《サカラカ》郡有発願人姓名未詳為報四恩奉写法
花経欲奉納此経求白檀紫檀自諸楽京訪得以錢百貫買取雇
坐細工令造筥経長筥短不能奉納檀越大悔歎又令求訪他木
至心発願請数僧三七日為限令訪得給祈乞有七日竟見経入筥
経猶不入筥頗延檀越悦怪益々至心令祈過三七日納入人々怪疑石
経縮歟筥延歟則取本経比新経彼此長等又並二経納一筥古不
入新入自知大乗不思議之力願主之深信称給已霊異記見之信
心深者今亦如是也

高橋連東人者伊賀国山田郡噉代郷人也大富財豊也《ナリ》為其母令
書法花経也為供養法会也明日欲行法会遣求諸師

誡使云〻率一逢人下乃我有縁之師可行法體有不来者請
使随云出門同郡御谷郷有乞者鉢与袋懸臂酔而臥道使見
之礼卒取還家願主迎敬一日一夜隠居家内忽制法服与之乞
者問可令何態答可讀法花経之乞者云已无所知只誦持般若
陀羅尼乞食養命争讀経云願主更不免乞者窃欲逃願主置
疑令人守之此夜乞者夢天毋牛来云吾是此宅主母也此宅
中有天毛牛其即我也吾生时盗用子物今受牛身償其罪
也明日為我可説大乗師意令告知也欲知真者於法堂内為吾
敷座将上居云夢覚心中大恠明朝昇上高座打磬云事聞弊
身甚愚本来无智不可知白佛説経之事只随願主役而嘗座
但去夜有示夢事語云檀越驚手自敷座我宅天毛牸牛

来入堂内坐所此座願主大驚云吾更不知年来奉若用
之事已心愚悲哉今日知其事貴之坐哉今日之後勞
養長可亡奉用之事歎悲牛聞此事氣歎出涙流事始
程其牛即死入来之若干人揚聲啼且響堂庭自古之後未
有其力佐更為其母重説功徳誠知願主根思識之力氣大
誦神元積功之驗也其力倍霊異記可見彼也
大和国添上郡山村郷有一女名未詳其女有女子嫁生一子聟任
外国司率妻子到任国経十二年妻母有故郷為子見夢驚
覚恐歎誦経《セムト》家貧无物脱自被衣洗浄行諷誦悪夢重
見母心益恐又脱遺衣洗濯行諷誦適夫任任国舘二子出遊庭
母在家内二子告母云屋上在七僧讀経母出見倍於屋内聞

有讀経音如蜂集鳴母怪立出庭之間其屋則倒七人法師忽
不見女子恐怪中心思天地助吾元被押殺於屋之下悦諸母遣使
謂悪夢之撲行諷誦之由女子聞之益敬三寶即知諷誦力三寶
助給也見霊異記

置染臣鯛姫奈良尼寺上座之女也道心強自始不嫁常採菓獻
行基并一日不闕入山採菜見大蛇之呑大蝦《ヒキカヘル》女哀云汝蝦免吾猶
呑不堪深悲思蛇如汝云免聞吾為汝妻猶免云于時蛇高挙頭
瞻女顔吐出蝦免女怪思日遠成今有七日来獻云去及于其
暮思出恐閉門塞穴固身籠居内蛇来以尾扣壁不能入去明
朝宿起恐行基并居山寺之所助事言答云汝不得免但固
受戒云則令受五戒女退路不知翁遇持大蟹女云何人

此蟹可免吾翁之吾住攝津国兎原郡姓名曰其年七十八无
子无継世之便者到于難波之邊適得此蟹也令人取契巨无他
人之女脱衣買不免又脱裳加則賣女為蟹而寺令行基𦬇
咒願放谷川行基𦬇讃云善哉々々女因思其帰虵白居上下
降大退去床道匿而床前有躍音明朝見有大蟹虵段々切畳
則知放蟹報恩吾受戒力也為知真偽人遣攝津国令尋問彼家
此翁卿更无如然之翁也又知翁者是変化人也見實異記也

楢磐嶋者聖武天皇之御世奈良古京六条五坊人也大安寺西
郷住其寺修多羅銭卅貫借求取古志往留賀津往買
物積船還程俄受病留船借馬獨出還家往近江国高嶋郡
之濱顧男三人追来往一町許也到于時宇治橋追着行縁

嶋問云往何處人荅云自閻羅王宮召磐嶋往使也問磐云其人
人吾也何故召使鬼云先往家問為商行未向云往津求得彼家
欲捕四天王使語云受寺錢可商獻暫可免云向家之間使
免也吾日来求汝飢疲若有食云磐嶋云吾道須賀干糒
廿有云与之令食鬼鬼汝病我氣也近不寄无恐云向家備食
大饗鬼云吾頗食牛肉求其可令食世間取牛鬼吾也磐嶋云
吾家在斑牛与之免吾云鬼云多得汝食可報其恩但免汝
吾課大罪以鐵杖百度可被打若有与汝同年人問磐嶋吾
更不知云一鬼計云汝者何年人代寅年也鬼云知其年人々
在所汝代召但許牛一食又吾令免被打之罪吾等三人之名
令奉讀金剛般若經百巻云吾等名一曰高佐丸二曰千速

千九三日大凡各夜中出去明朝見牛一死大安寺之南塔院
往請沙弥仁耀語下由令誦其経二日矣歎足三日曉使鬼来
云依大乘之力免百度之杖又自常外又食増多得自今以後
毎節日為吾行功徳又供養食云忽消失其人年及九十餘命
従大唐徳云人依般若力免閻王召日本槃嶋依請寺錢被免
使鬼之挿載霊異記也
諾楽京有一僧常誦方廣経著世貯錢廿貫以養妻子女嫁
住夫家帝姫阿陪天王御世聟成陸奥掾妻父僧借錢廿
貫以用下任国歴一年余錢一倍復返本数不返倍錢歴年月
猶徴乞聟竊求便欲殺此僧語云往任国返付錢諾共行云僧
乘船共行聟与船人合心縛四支落入海底即語妻子云父

大德ヵ見海与吾共度来俄遭暴風沉海溺死不能救取
吾殆纔存也云妻大哭哀非再不見親顔吾争入海底得
空屍哭悲僧乍有海底乎心誦方廣経海水去除不来居所
歴二日一夜人乗船度過時所縄端浮漂人取之引上被縛僧
出面色如常人大奇問何人吾其也遭盗人被入也答御有何
術沉海不死答云吾常誦持方廣大乗可依其力云但聟雖
名語人楽匈故郷船人送之聟ヵ泊入舅聊設僧供自手捧
施衆生程舅僧乎畏面交沙弥中請施行聟見着其顔面
色赭青成驚怖匿僧含咲忍竟不顕不溺海水不飲毒矣
命竟全卞大乗経願力也知之見霊異記文之寂是貴矣
吉野山有一寺名海部峯帝姫阿倍天皇御世有一僧住山寺

年久從行身疲力衰不能起卧弟子僧中大师身疲給病
重成給杖身行道佛教給病僧免給責買无罪意見食魚
云苦勸何云弟子紀伊国海邊遣童子〻〻行買鮮鯔八納小
櫃陶来知吾师俗三人道逢持行物許物也見汝持何問非童
子心法花経答自櫃魚汁落氣頭臰俗欲礼童似過
市中之裎留童多人中汝持物是魚也爭云経向童猶廷
経也非魚諍俗皆責魚也將開見童不得道心中發願吾
师年来奉讀法花経助吾隱师僧耻給念俗開櫃見有法
花経八巻俗等見之恐皆去一俗猶皆後副童到寺還聞
童向师具陳此事师聞之悦皆不食俗五躰投地礼师〻誠
實魚也依聖德成経吾愚癡邪見不知因果煩惱聖使寃

此罪給自今以後為大師奉仕ニ為大檀越求敬法養自知為法扶
身毒害為藥矣化為住見靈異記ㇾ
美作國英多《アイタ》郡有公採鐵山阿陪天皇御世國司召民十人上入
山令穿鐵于時穴口頽塞入人競出九人僅出一人已籠國司聞
之歎憐妻子悲哭書佛寫經供卌九日法事了又其人居穴
中念吾昔發書法花經之願助我命給必將奉書祈念
隙可指々之程達開日光透有一沙弥自隙入来備食与之語
云汝妻子与吾物也汝悲愍故来也云又自隙出去不久自吾
須穴開通空見廣三尺許高五尺余也于時村人卅余人衆
葛入山自其穴邊還過廳人見景叫嗷扶吾云山人聞如
此說聞恠葛著石入廳引動結葛作籠又絡落入人

乗居引上将送親家々人見之悲悦无限国司驚問其事
此事則大貴悲知識国内加力令書其経大令供養自生
誠生是法花経力也見霊異記也

昔大安寺栄好云僧有母貧從乃自房不出老母居寺外
一童仕房中此寺昔不畳竈甑政所炊飯積車朝自僧房
前遣令受飯四外栄好分四一献母一与来乞者一自食一細
童先送母間食之由後自飡師飡已後童食歴数年不誤
此事々房傍近並勤操云僧住又身貧在勤与栄好友親
又見聞此事一朝隔壁聞童受畳飯遅恐哭勤操奇問
童因何哭問答今朝師僧无恙俄終給先我独身奉葬次
懸師飯給母争生給云哭勤操悲念无限如父母則教云汝更

不可歎葬我与汝今夜於隠毋我相替令飯養汝已不改飯又
相同惣令帰吾如本師可思作汝奴力此由不可令知毋老衰
之人聞之迷死時不改以前送令日飯云童聞之悲悶感慟捶乾
沒作法礼无措如例飯行於与之涙可落无言疾還毋今
朝心走云今夜勤操与童共荷栄好負上高山上寺内不令知暫
去他處之由令言勤操分已飯送毋賜童時々毋問童何久不坐
申云童云常出立給法行无隙人々来逢被留也今夜被奈云
送日月明年春我人来勤操送供養集會穴々房童替此事
之間令飯暫忽客旋進樂勤操有酒氣眠入亡然起見日
景傾々則目童遣例飯毋語童云老身之拙事例时頗過今朝
心地悪云童悲心餘不能堪臥九哭毋在問童不堪忍哭云貧

御子今御坐哉思去年五月已給云母何々向滅了童念悲々
誘驚不蘇雖作念无申更勤告此由悲泣无極吾貴子有
去有如此事吾佛制給酒不飲行此息耶云哭歎甚深今夜
同法人々七人語本童副安石渕寺山下葬明朝八人僧入壹暫
息勤操語云我代栄好養其母其志未久其念已終歎无
益今欲導後世堂中坐佛坐佛前經在見法花忍已我等
八人得八巻經有因縁云三七日忌同来此寺日々設一齋一日講
一巻明年忌日合八人其日了置行程四日講說八巻經名曰
同法八講每年不斷云遺七人僧據貴事也然為尓界延暦
十五年始自彼卅九日每歳々忌日不斷行勤操聖德世被譽
公私皆悉貴八講念大行勤操死後云贈僧正位大寺僧ホ

石渕寺八講貴事也開天地院第二傳行于今不斷自此已後
寺々皆始弘所々普行諸寺僧加力継勤採之古跡也五巻日荷
薪学国王之昔志也八講之起在石渕見傳記也
昔国王荷薪迺讃嘆辞曰
法花経我得事薪伐菜摘水汲求得事得云此歌哉
光明皇后讀給云又行基井傳給云是彼雜宝云々
讃曰守屋大連愚辞懸吾国佛種可断厩戸皇子賢政
依今日法文傳也四百年已来幾多衆生知佛覚果離苦
得楽尺尊流法奇於妙哉

三寶繪中巻

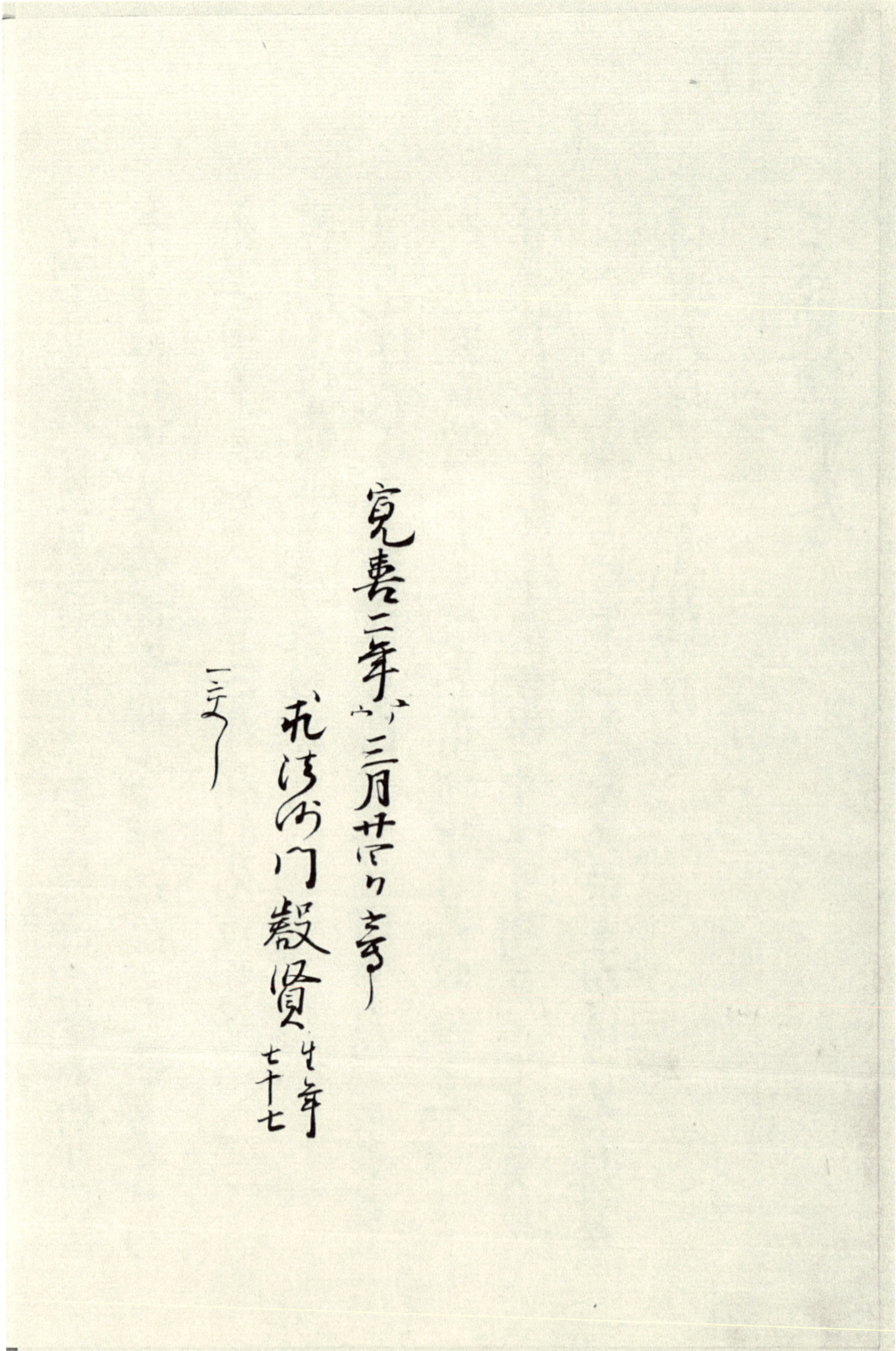

寛喜二年三月廿四日書之
戒浄沙門毅賢生年七十七
一交了

（17ウ）

下巻

三寶繪
下

一七大二五、

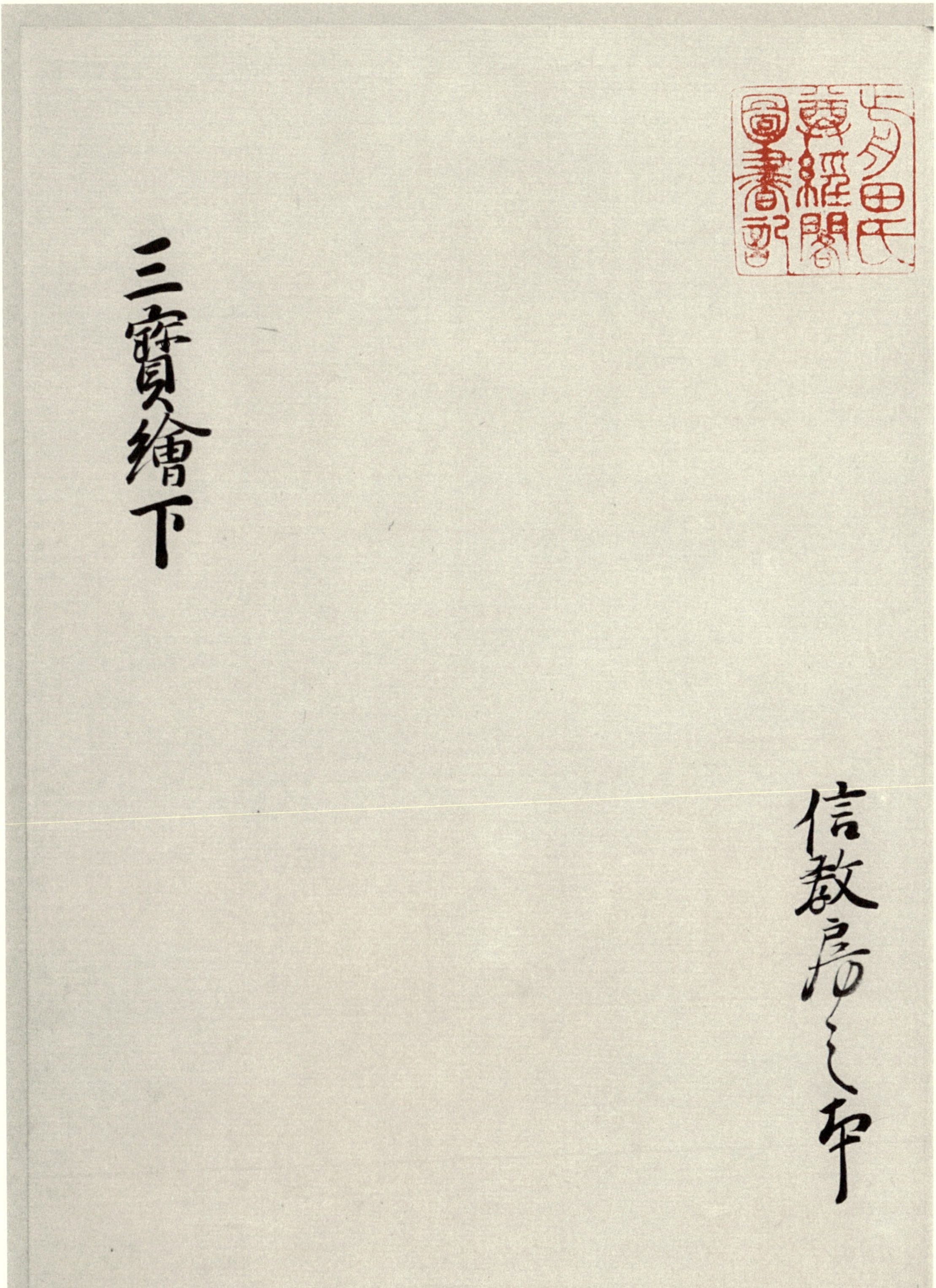

三寶繪　下

信教房之本

三寳繪下巻

釋迦御弟子有三種之僧一者如弥勒文殊之類也二者聲
聞僧如身子目連之輩也三者凡夫僧如今時僧也衆生施
恩巨報之依甚得福亦与不異菩薩發大悲弘願度世摂弘
聲聞之具三明六通救人力據自釋尊逝聖僧失大鳥去子随
如去彼觀音去西普賢向東菩薩僧目見給无憍梵流水静迦
葉隠山聲聞僧留此无構佛不坐聖不坐從冥入冥心迷感深
身罪愈重末世若剃鬚染衣凡夫僧不坐誰傳佛法被導衆
生三寶已同等可敬偏敬佛法忽軽僧尼无貴或読経論永
挑法燈或護戒律不傾鉢油或傳真言全移瓶水或誦大乗
普驚衣珠或好禅定捨世營或出世間勧人心是皆仏教自

（1オ）

嶯门分入同欲未着并一両也又破戒僧吾同敬経云薛破浄戒
猶勝輪王従堕悪道能進善根占蔔花萎猶勝万花梅檀焼
失如薫諸衣千牛之中一死不可捨遺牛数戒之中一識不可軽
余戒異衣香之蘘香失猶香受戒之比戒破猶貴云又未受戒
沙弥吾深敬経云龍子小不可軽吐雲降雨沙弥雖稚不可漫得道
度人云惣言之形似沙門必奉見賢切諸仏懸帰大乗経文叱
被如罵之如来所子遺誡大集経偈仏誡云若打彼則打吾
若罵彼則罵吾也又孔雀有錺翳色鷹翅速飛不如白衣有智
貴僧道貧賤不及是故在勤无勤帰法器識深識潔思仏
使若真若偽不顕其咎敬貴敬時可證其徳凡人凡夫心同量
賢聖之道彼怕鵯比丘悪人也見人誰知過去如来不淫并下形

也打衣更未来教主不念真信偽形假比丘知不如皆以可敬内德
外形比丘之不如惣讃昔維那愚悪罵外僧九十一劫受盲身年小戯
咲老僧一五百生受大身昔也是以古賢人敬佛術弟子歎頭豎
王之善云千僧太子受相傳阿育王之礼諸僧大臣諫不止須達長
者造寺令住者安置王沸湯沐況復大為之被致獨人見剃
鬚髪能忍羅刹飡罪人驚纏法衣則去兇獸猶敬人心夢愚悔
也惣世燈傳國寶名行年中貴敬向誘善道皆莫非沙門德
今我合掌頭僧貴事

修正月

佛説言一日持齋得六十万歳之粮七歩向寺滅百千劫之罪経云
正五九月帝尺向南浮提注衆生所作善悪此月沐浴齋行

（2オ）

諸善事可依此天下人正月皆慎ム七道ノ国ノ賜施僧尼令勤
祈私諸山ノ寺ノ男女挑燈明集行又延命事間有ハ粥施僧
之人四分律説有四利益僧祇律明有十利益偈文云人天中欲得
命楽今此ハ粥可施諸僧云也祈身上事成年中慎无寺不
行莫人不怨年始国内善根普海為知照帝尺之鏡注閻王
之金札也

御斎會

最勝王経云国王誦此経王常受楽民之无苦風雨順時国家穣
又王欲聞此経之時宮中殊勝居王所重餝置師ノ座王居頗
低坐王心而又帰仰法師大師ノ想撰見諸人起慈ノ心自取白蓋
鼓調音楽歩ミ迎師為養何日令王如此毎歩奉仕无量諸

佛也又毎歩踰生死中苦亡随歩々数彼世又臨亡位随歩数今世
增福徳力也文　依之公篇大極殿限七日晝讀最勝王經夜令行
吉祥悔過給吉祥天毘沙門女也五穀溢倉諸飢穣心云有誓也
大臣公卿役識加力皆經説或时又有行幸聴衆法用分召寺
々僧並云莊嚴勤仕司々寸令諸國自同日皆行天帝御女高野
姫天皇御世自神護景雲二年起見格也

比叡懺法

叡山傳教大師行開所也大師俗姓三津氏近江國志賀郡人也
稚心賢七歳覚明無知数事十二剃頭始入比叡松结廬勤
行香爐灰中得佛舎利可納器飢又灰中得金花器近曆廾
二年渡唐登天台山道邃和尚逢受習天台法文佛龍寺

行満座主云昔聞智者大師言吾死後二百余歳始東国弘
吾法聖語不遠今逢此人速以本国弘道之多授法文延暦
廿四年以胡於八幡宮講法花経自宝倉中抛紫袈裟謝聞法
之恩於春日社講法花経自峯上紫雲立覆説法之場神
抛衣于今納也救像法時擢手自作薬師像弘妙法迹若弘天
台智者大師跡也弘仁三年十月作法花堂令讀大乗晝夜
不断也谷中夜有講経音求无人尋声見有髑髏古乾則
埋此堂傍令人跡廣頭歎文毎時令副讀擢桃燈于今未滅
毎定四時之初月々十二人堂僧行三七日懺法弘仁十三年六月十
四日大師終々奇雲霞峯久去遠人見指謂可有故此懺法出
普賢観四種三昧中名半行半坐三昧天台大師行忽得法花

三昧智用恵明又普賢并乗白象摩頂経不細所大師具加
文作法花三昧行法一巻傳世り此依一乗力滅六根罪小乗懺法
之失軽罪大乗懺悔能救重罪り法云尺迦多宝分身諸佛奉見思
清云根入佛界離諸障入菩位思為彼身犯五逆四重失比丘法還
得清浄欲具勝功徳者於空閑三七日り此云又普賢経云専心行
者一日乃至七日奉見普賢有重障者七々日中見又次々重者一生
二生三生見云心観云此懺法世間大寶也為誦説り得金寶也只
但誦讀誦得中分寶也從者香花得下小分寶也佛与文殊説
下分功徳不能書一偈中上非為人從地至梵天積寶獻佛不如持
経者施一食養身云云誦三昧之人功徳勝非

次温室功徳

（4オ）

寺々毎月十四日廿九日大沸湯善浴僧其明日依行布薩也又人
志不定日多沸温室洗浴衆僧経云大奈女子祇域長者起念明
行白佛吾普世事未作功徳今迎佛及僧浴湯思欲令衆生離
苦々垢申佛言善哉功徳无極浴僧湯房可用七物浴僧除
七病浴人可得七福可用七物者薪清水佐久沫油濃《コヤク》灰楊枝
推内衣也除七病者四躰安凡除痛瘡《サ》《ヒルム》除寒冷除熱燥除垢穢
身軽目明成也得七福者一四躰无病生所常安二者所清浄面良
美麗三者身躰常香着衣鮮也四者身膚軟滑威光无比五
者多浴從仕人攘塵垢六者口香馨白言事人從七者生所
自然妙寶餝光也凡人生世良善力人被敬身清膚麗皆先
世僧浴湯恩也大臣子生豊万寶大王家生浴用香湯四天王

勢守四方日月星宿諸光照諸暗尺迦坐七寶中貌麗壽長輪
王巡四海水樂多身香欲天樂感梵天行清得此利益皆依湯
浴僧也佛身金色塵垢不著円光相副是皆依浴諸僧也說浴又
飞ゝ佛弟子肩頭盧末世功德增不入涅槃坐摩黎山為僧浴
湯時若曉謂湯請肩頭盧敷花為座閉戸歷程之後開見或用
湯摡ゝ示頭云天竺皆行此事此國亦有人又數經云首陀會天昔毗
婆尸佛衛世為貧人子求得少錢沸湯設食請佛巡僧浴湯命
終生天身勝光明也後成佛淨身如來可名云又阿難昔為羅閲
祇國之民子之時身惡瘡生治不愈人語云僧浴湯以其汁洗瘡
則可愈又得福云作悦行寺為其事息愈自此已後生所貌麗
身清九十一劫受福今逢佛心垢滅盡云〻 又難陀比丘昔維衛佛

時一夜衆僧依浴令空王種身受具卅相云々又舎利弗夏旱有
黙契人汲水灌園中樹見舎利弗呼居樹下沐水命終生忉利天
乃下来舎利弗許散花報恩聞法得果云々又見甫往生傳梁
代道珎禅師於廬山念佛夜静観浄土水眠入夢見大水百人乗
舡往西加乗云々舡人不許夢中云吾一生志行西方何故不許舡人
答云汝行未満未讀阿彌陀経未勤温室云々不乗去留哭泣見覚
乃蹟々上僧浴湯後又有夢々一人乗銀蓮来云々行已満定生西方
云々見寺僧從夜山頂有明光空中香々満寸夢存生之間不語人
注置経箱内死後取得云々多知温室易事功徳之高也阿含経説
五功徳十誦律頭五利益

布薩

毎月十五日卅日寺々行布薩鑒真和尚之傳也和尚唐揚州龍興
寺大德也弘度経論殊傳戒律自此度唐僧榮叡業行慇白和尚
佛法東流留吾本國下有佛法无人傳教欲和尚度給云勝寶四
年吾國使度唐便与弟子廿四人乘副使大伴古丸船來　帝
貴給遣東大寺供養給令紀経文口誦多直同藥名聞臭皆
弁空王奉授戒后奉業初大僧都位成給猷講所々來改授大
和尚名令住戒院之閑處今招提寺是也和尚始奏行布薩東
大寺其後弘所々大衆集當戒師誦経梵網経云新学并
半月半月布薩十重卌八輕戒誦千人布薩一人誦々者高居聞
人低居此三世諸佛所誦也吾誦海發心并又誦一切大衆國王々子
比丘々々尼信男信女受持弁戒不墮惡道云其作法々間

（6オ）

僧之人不見聞佛重誡給也昔佛世有一童遍問僧布薩佛
知食遣金對密遊令追給打童頭致是非真童佛誡末世信与
假作給是戒律之重道佛法之古跡也六月晦日男女到寺等弄受
為功德也

修二月

自朔日始三夜五夜七夜山々寺々大行也營作花燒名香嚴
佛前入人力事異常時之行捧刻綃之花千取地尾獻殺燒香
之答事太宗佐介態念從佛教也經云佛界餝之為无花時可用
作花香煙迎佛使也人同鼻識將可燒好香佛不悦也不餝饒香
勸功德之勝趣深力之深以香獻佛功德无限昔毗婆尸佛般之後
有一長者塔中見去破壞作去補理以栴檀香散其上發願去曰

之九十一劫不堕悪道生天上人中身香口香令迦羅城長者之子白
好无比身中出栴檀之香口中出優鉢花香父母見抗名曰栴
檀竟為仏弟子得羅漢位又経云以口吹去香灰罪重又云
焼香之时将可誦偈戒定恵解知見香遍十方刹常芬馥
願此香煙亦如是廻作自他五種身當知一色一香无非中道之教
味餾法亦復如是也　又淳和院淳和后宮也　又云西院嵯峨帝
御女子發心三寶救物慈深貞観二年五月於淳和院行大法會
請寺名僧令講法花経從日當延暦寺座主慈覚大師剃髪之
并戒授法名号良祚東西京捨人子取乳母養給嵯峨古宮
為寺給名大覚寺其傍立舎名曰齋治院居僧尼病者養所
也淳和院又為寺不改本名令泊朝暮奉仕僧尼享賜供養

長任宣給師弟子相傳行道不斷見日本國三代實錄也院
大営一年毎度行阿難悔過尋其故者昔佛姨母憍曇弥
詣佛所剃髪為御弟子三度申佛不許給愁悲出祇薗精舎
於門外流淚立給阿難自外来語哀則入白佛言佛生給已後有
七日摩耶夫人已受取太子奉養憍曇弥深志也一切衆生入佛
法勅給況不被免此人歟佛答吾非不知彼人為吾有恩只免
女人不入佛法恩也若免此可縮正法五百年阿難又言過去諸
佛皆有四部弟子何曰我大師獨可不許女人苦勸申依佛遂免
彼出家為始是諸女人剃髪受戒給佛言末世為尼女及諸發
善心女人出家尚可至心思阿難之恩唱名供養讃嘆佛隠給已後又
年老弟子大迦葉出六疑責向阿難之中女人可入佛法申勸縮

正法五百年一答也云阿難賢聖答返之旨不愚則知一切女人カ
尼依阿難菩薩之恩也報恩経云若有女人欲求安善之果報者
二月八日八月八日浄衣至心受持八戒六時修行阿難則以大威神
力擁護守扶如敬此院長行此悔過報彼阿難菩薩之恩徳也又
毎此月日随釈迦尊之教也

山階寺涅槃會

釋尊欲入涅槃自摩訶陀國赴拘尸那城給二月十五日於跋提河邊
娑羅林中薪盡火滅給自佛生之日至于昨日榮擁檀樹俄死白
佛隠給日始毎今日見葬樹葉皆落云无心樹皆知今日有意之
人争不變戀昔因之末世弟子追思此日昔今日起臥金床頭併
性常住之理一切衆有佛性皆当成佛佛性皆当成佛令設知給講

卅経行法會號佛恩名卅會也山階寺ニ數會中寺僧合力営リ
此會也其儀式始願跡也昔尾張國書生頭人見國政狂剃頭
来住此寺名壽廣心清賢得和尚名知音樂道自作儀式文
調色衆改嚴行明日尾張國熱田明神託小童共ゝ云壽廣和尚
本我國人也行貴會聞有舊歸昨日来此寺境内悲为諸佛
境界奈良坂口皆梵天帝尺守吾不能近寄悲念无限争奉
見此會云和尚僕云为法遙来给昨日不見给为神殊志今日又
行歌舞讃令讀法花経百部明年新書百部後年令讀
其経二日大會行云又織加行自今不斷山階寺起維摩會之次
可知此會石山为寺営行比叡山法滿行所之卅経云是此始一度
耳觸能滅法罪无間重罪乃如來坐不失给知或常住二字

聞不随悪趣道由知礼此令聞此経者始頭身中佛種如地中金蔵也

石塔

石塔万人春慎也諸司諸衛官人舎人執行殿原家継雑色逦催
撰日出川原重石為塔救書集心経請居導師餝年攻神祈
家中諸人道心経進依老童皆靡功徳自作樂飲須多集中
信深者帰息安心愚者思道遥定年頭讃歎俎上臨暮酔
倒轉道中然摘来功徳海自種善根造塔延命功徳経云彼波斯匿
王白佛言相師見吾有七日必可終云欲佛救杖給佛言元歎
起慈悲心更不致死行造塔勝福者延命増華殊勝功徳元
過此昔一童飼牛数相師共見云此童今有七日必死然後諸
童戯聚沙積造佛塔云此牛飼童有其中同造此塔高一

磔手半也回之忽延七年命此時有辟支仏行諸童戯心〻廿謂
麦粉施此聖辟支仏則出鉢受此〻神通為麦粉童部見之
皆発信心支仏教云汝造此塔一磔手後世成鉄輪王領一天下二
磔手成銅輪王〻二天下三磔手成銀輪王〻三天下四磔手後世成
金輪王〻四天下小童戯造得如此報何況大王至心為人発无疑
心如法造塔一指節許功徳无限具説可作寺塔事為人作此送
此一生為毒不被侵其命長遠不為横死鬼神不近敵難逃去身
常无病苦罪皆滅又法花経云乃至童子戯聚沙為仏塔如是諸
人等皆已成仏道文　当知石塔功徳可重也

三月志賀傳法會　　三月九月四日始

天地天皇有造寺御願此時城在近江国大津宮祈願此所給夜

御夢中乾方有勝地早出見給乃驚出見給火光上曜明朝
遣使令尋見還来奏火光々所有小山寺有一優婆塞迴歩行
問不答其形頗奇不似人皇悦行幸其處給優婆塞奉迎皇
問給答言古仙霊窟伏蔵地佐々名寳長等山言乃消已明代
辰年正月初令造給寺土山掘出寳鐸又有白石夜光施皇跡填
給造堂頭佛皇切左无名指入石苔埋安燈爐地下給是手擎
燈奉礼之相顕給也見志賀縁起参議兵部卿正四位下橘朝
臣奈良丸天平勝寳八年二月五日初行傳法會於此寺其縁起云
弟子已聞崇福寺々尊僧多学筆少是故始花厳経令傳讀諸
大乗経律疏其析入安稲一万竹田廿町長行云自尓至今橘氏人
詣令行智度論云佛説諸施中法施第一也何以故財施有量法施

无量財施人得福法施太受太苦得云　敎経中傳法令讀悟於人
无極功徳也云當知重法之人无偶帝尺敬礼受法況賢僧之哉
必往可讀也

藥師寺最勝會　始七日

彼寺浄原天皇御母后所立給也其造攏工入定見龍宮體而
學造天長七年中納言直世王奏云此寺毎年七月之程行法會令
祈天長久令講最勝王経乃詔曰任奏自此初行來只彼天皇御
後人及檀越山階寺維摩會作法儀式移維摩御齋最勝
寺是曰三會日本國大會不過之講師同人仕了謂己講依次給
律師位見格也

高雄寺法花會　始八日

此等法花會行来久矣寺檀越大学頭和氣弘世并真綱等
与傳教大師深契欲弘一乗延暦廿二年招十人大德講天台
法文殊奉請傳教大師又云千歳永例此度可始是法給大師
讃岐國多度郡人俗姓佐伯也十歳出大学卅為僧於阿波國大
瀧嵜行虚空藏明星頭来尓後学文開智下筆峯高延暦
廿三年度唐會青龍寺恵果和尚受習真言還来申立真
言院其法有遁世志承和二年春於紀伊國金剛峯寺終年
六十三也倍位大僧都也音衡之比贈大僧正位延喜之世弘法大師
贈号其門徒傳任此寺執行此會第五巻日付棒物於高雄
山花枝令讃嘆於清瀧河浪努々男女来礼况貴者曰多仏
勸一人令聞之功徳福非聞随喜功徳品可見聞一偈成随喜授菩

(11オ)

訖讀法師亦可知也

法花寺法花會

法花寺光明皇后所立也乃大臣鎌足之孫贈大政大臣文人之女也心芳佛道慈心吾人立悲殿与施藥院養天下病者天帝立東大寺及國々分寺給事此后所勸也自造法花寺為大和國分寺見曰本記乃於此寺令講花厳經令切法會給号花厳會法用色衆皆用花厳經中所説善財童子於所々逢五十余人之善知識間諸妙法形造長七八寸人許也毎會日縫被綾錦畳舞台上令供養給自本世人傳云此々那會造尼寺給成尼々者不断優婆羅花比丘尼得六神通成阿羅漢往諸貴人家勸諸女人出家談戒善吾少狀可去守戒比丘尼云飛被尚出家女

又云破戒堕地獄尼云地獄尚堕出家女咲云堕地獄受重苦尼善
思昔世為舞女戯被替種々之衣替音替詞学人々之體着尼衣
学尼形是為善縁迦葉佛時生人天為尼其時帰貴縁成憍尸
發悪心作重罪破戒之事多堕地獄暫受乍苦早生可人道
也依昔善根奉値今尺迦如来遂為尼入聖位思之縦破戒早可
得道猶為尼形勧也云々又造安善財童子善知識形可注會善
友是非小事経云善知識是大因縁教道令發𦬇心又経偈云𦬇
妙果不難成真善知識實難遇也又云為取善香其句染手
為近善友其教深心是故思本願后御切懐遍成諸尼給不異
花色之昔勧帯逢善友給可同善財之舊跡也
比叡坂本勧学會

（12オ）

村上御世康保元年大学北堂学生之中同心結交人々相語曰人之
在世如過隙駒吾也縦窓内聚雪且門外遁烟欲与僧結契詣
寺行會定暮春季秋之望日講経念佛為其勤今世永為
善友法道文道相互勤云習始行事号勧学會也十四日夕僧下山
集脚俗乗月往寺道間同聲誦居易作百千万劫菩提種八十
三年功徳林之句歩行其音漸聞寺之程僧又同音誦法花経中
志求佛道者无量千万億咸以恭敬心皆来至佛所之偈待
迎十五日朝講法花経夕念弥陀佛其後迄暁作詩而讃
佛讃法其詩安寺又居易集自作詩収香山寺蔵之詞願
以今生世俗文字之業狂言綺語之過翻為当来世々讃佛
乗之因転法輪之縁云既文誦文誦此身何足愛万劫煩悩根

此身何足歎一聚虚空之塵等乎又僧流花誦経開法歎善讃乃至發一言即為己往生一切三世仏之偈又誦龍樹菩薩十二礼偈并明夜娑婆世界音作佛事開僧唱妙偈頌俗誦尊詩令心自動内流甘沾袖僧俗共帰之吾山不已吾道不盡此会不絶合至龍花三會云々

藥師寺万燈會　廿三日

藥師寺万燈會者僧恵達之始也生程自行臨死付大衆恵達為律師死葬寺西行此會彼塚有光云讃燈功徳数経多説阿闍世王受決経云王請佛往生還宮之時以百石油自宮中至于祇薗精舎燃燈干時有貧女見之勵志乞求二銭買油主云汝已貧先不求食買油何爲女言吾聞世遇佛出世吾幸値獻往生元

力見今日王作大功德獻一燈欲為後世之種也汝已罔悲直外更
益加与則燃佛前燃不可及夜半女燈言乃我後世可成佛之此
油不盡終夜不滅云佛告目連天已明可滅燈目連互滅諸燈又燈
皆滅貧女一燈三滅不滅以袈裟扇且光愈增仏言止〻是燈
世佛光非汝力所可滅是女經卅劫成仏名曰須彌燈光女聞大悦
又大德問耆婆吾燈多女燈少曰仏不授記吾此女先授記耆婆云又燈多
心不專不及此女至心也又後至心獻燈之时授記云過八万劫成佛
辟喩經云阿難白佛言阿那律昔有何因今天眼勝佛言昔毗
婆尸仏入滅之後此人尒时爲盗人入塔中欲盗塔物之时仏前燈欲
滅明火欲取物以箭挑燈仏像明見恐悔念何人盡物作功德吾
之同人欲盗取耶悪捨置去以挑燈功德自尒以後九十一劫常生善

所今遇我出家得阿羅漢天眼第一也況此桃郡此會切无得智
恵可照无明之暗也是豈不幸耶

四月比叡舎利會

此會是慈覚大師始行也大師下毛野國人也生时家中紫雲立
國有聖僧人名曰廣智并遙見其雲到家誡父母云此子祇養
九歳到廣智所攝采得普門品後廣悟經論夢一人大德来摩
頂語夢中有人云知此比叡大師也教見後登比叡見傳教大師
含咲悦語昔不異夢見形心自知不語人承和五年度唐往
天台山登五臺山歴多年求法遇数師習法唐人云吾國佛法
皆從和尚去東承和十四年渡胡持度多佛舎利貞観二年始行
此會永傳置惣持院調多色衆卷二列南成永事随人力堪曰

无色界山花盛昔佛言供養仏舎利与供養在世佛身功徳果
報不異一礼舎利滅罪生天作寳器納造寳塔置如是彼多
攝之曰衆生之類讃歎如来慕争舎利四王取思上天龍王
取欲入海仏弟子々海於心甚悪高置天上深納海中何地々
人争行供養云々留帝尺随免得一牙去羅刹隠形盗二歯失
國々大王争戦欲奪置王城固令守随佛誡無不与不得一
分悲哭共歎多聞王々若乞懇徳去尺衆遥来哭空胸竟樸
心直正香姓婆羅門於令取分壷中塗蜜毎量度著取遂
佛舎利无心清人舎利不死人々得灰炭後来抑佛常在御
身不可有命従佛説空御形也不可有骨留隠給随機縁遺
給依慈悲末世衆生為令種善根以大悲方便力権全對不壊身

給也是故天竺置塔納寺雨花放光因之結縁男女集礼拜
吾等昔依罪不逢在世今有縁値遇舎利計其拾之時荼毗之煙
年久思其傳之所流沙之道雲邊之礼會之人忽近見之事不上
山之女應悲遠聞之事吾等聞鑒真和尚之五台提年之五月行
遍照僧正之弘花山時之三月行斉言於家之所之之女猶廿二寺丁
奉礼舎利也

大安寺莆會　五六日

大安寺額起上宮太子力加數帝太子熊凝村造寺未訖隠給
始自推古天皇至于聖武天皇九代之皇並傳作給舒明天皇世
百濟河邊撰處所移立熊凝寺曰百濟大寺造寺司伐神社木用
神怒放火燒寺皇極天皇替造天智天皇世造丈六尺迦竟心

成祈〻夜暁二天女礼才像供養妙花敬讃良久奉置云此像
靈山真佛聊不遠此國衆生信心清云上空去開眼〻日甍雲
満空妙音聞天〻武天皇世移造高市地改名大官大寺文武
天皇世立塔如古〻人迹作丈六像發願令知良工祈夜暁一僧
来奉前年作此仏〻人是化人童不可来雖良近猶有力此良
畫師非凡丹誤只懸大鏡於彼佛前移頭礼給非造非書三
身可具見形應身也浮景報身也覺空法身也理趣〻勝不
過於此云見給覺驚悦給如夢懸大鏡請五百僧於宮内大
設供養元明天皇世和銅三年移作奈良京聖武天皇表
傳欲弘作之間道慈云僧有心智世多被敬先为求法大寶
元年渡唐養老二年帰朝也奏上言曰道慈唐〻時心中欲

作大寺草取西明寺結構之様奏帝悦宣吾承已渡即以天平
元年作道慈令改造此寺給則賜道慈律師位天竺舎衛国
祇園精舎学作都率天宮様唐西明寺学造祇園精舎吾国
大安寺学作西明寺十四年作了作大法会天平十四年改天宮
名寺大安寺道慈律師云此寺始焼依伐高市郡子部明神社
木也此神雷怒心出火也其後九代傳造数移所々多世費令
悦神心令守寺不如法力云々書量大般若始行此會也且讀経
文旦調哥元此神悦ね寺守見傷起此大般若経唐大宗時縢
徳年中玄弉三蔵始譯令安置明殿之時大放光其文云若人
量大般若所一切天龍合掌恭敬　又云将以法雨灌潤毒龍令離苦
若云頭是得佛法水可留神怒炎也

四月八日灌佛

承和七年四月八日於清涼殿被灌佛之事律師静安候ヽ從所旨奏
定其可有事則其師尊師奉仕自此已後弘世見殿上日記灌
佛形像經云十方諸佛皆四月八日生給於春夏之間万物普生不
寒不熱之時程《誹》調浴像經佛言我今説浴像之法諸供養之中為
殊勝若欲浴佛者諸妙香入水浴淡水之時當誦偈人必不覺其偈
令僧誦令讃嘆也其頌曰　我今灌佛諸如来浄智功徳荘厳聚
五濁衆生令離垢　願證如来浄法身云偈ハ迦如来説給也
又百石八石副食乱之房報今日不ね併律加ね我年位佐世位之事
行基菩薩唱也

比叡山受戒

此国首先傳穀国戒傳教大師度唐習顯密之道受之戒天台宗
始起菩薩戒又傳也近歷之末年置年分弘仁末比大師始云南岳天
台二大師皆受菩薩戒相授及于今是故我宗僧可受此戒云申云
家臣被定下大師震筆飛文作顯戒論二巻獻證文多明弘仁
十三年六月賜官符立戒壇此大乘戒諸經讃説梵網經云不受
菩薩戒者不異畜生名為邪見名為外道若有法師教一人令受
菩薩戒功德勝於八万四千塔立況二三人百千哉又心觀經云上品持
得法王々位導衆生中品持得輪王々位受諸樂下品持得
鬼王々位受諸報破戒縱墮悪道戒力勝依為其中王諸徒從敬心得
自在是故諸衆生可受菩薩正戒超生死深海為船過荒險道菩薩
戒為宿貪嗔纏縛菩薩戒為利刀離鬼魅荒菩薩戒為良藥菩薩戒

者三聚浄戒也一者律儀戒断諸悪也二者摂善法戒謂諸善
也三者饒益有情戒度諸衆生也当知発大乗初心超二乗極位
昔有羅漢沙弥令持衣嚢行沙弥心中暫発菩薩心羅漢知
之自荷衣嚢立後行沙弥又心中菩薩道可難行思返羅漢知後嚢
立前沙弥恠問羅漢答云汝発大心勝我汝今留其心者我故也云
当随堪守法彼草結比丘見王遊之時王責沙門繋死之後頭
惣菩薩戒者同戒皆継仏法之寿也経律論中見也至祈穀年
之豊也提婆経文明也因之受戒可有年首被定嘉祥官符
四月三日行云寛平官符四月十五日以前行云也

長谷菩薩戒　五月

昔辛酉年洪水出大木流到近江国高嶋郡三緒埼里人伐

取其端則其宅焼又始從其宅村郷死者多宅ゝ令占崇廿
木所在云回ゝ在ゝ人ゝ不近寄此时任大和國葛木下郡雲大水
云人来廿郷閒廿本心發飢ゝ洋廿本奉造十一面觀音然ゝ无可持
行ゝ便縁本郷其境在大水屢依有不事設粮唱人又引彼木
其大人專乏德欲縁意見著縄引見輕被ヿ誅ケ逢道人皆
彼留車下馬加力共ヿ竟到大和國葛木下郡當麻郷无物
久置大水已死廿本德成歷八十年其郷又病起擧首病痛廿本
所在云郡司郷長品故大水ゝ子宮丸勘宮丸一人臣去廿本郷郡
人共代在年ヿ捨志記上長谷河傍其前又卅年歷也沙弥得道
云者有閒廿本思廿本必有驗作十一面觀音思養四年移令長谷
寺峯得道无力早臣造悲歎七八年ゝ间偏向廿本礼拜思感ヵ

自然成仏云衛頭飯高天皇不慮之外垂恩大臣自然加力神亂
四年作畢高二丈六尺也得道之夢有神指比峯云彼所云有大巖
穿頭奉立此仏云見覚堀穿得廣長十八尺也面平如掌此奉
立得道之明年天平五年注親音縁記并雜記如見也今流利
益遍國靈驗聞居寺事年中行并戒清傳戒乞戒集善男
善女我只欲見聞集大多并戒至佛位初門也甚有見其上布
薩受戒者之此戒南岳天台唐國令授受鑒真傳教此始傳
弘非登壇僧受又随所俗可受梵網經云若欲受國王之时受
臨王位之时百官可任之时又可受此戒諸鬼神来護諸仏悦給
又云受佛戒者國王之子百官宰相比丘之之尼十八梵六欲天諸
民黄門婬男婬女奴婢鬼神金剛神畜生變化人只法師云當見

（18ウ）

盡受持皆得戒也皆名第一清淨者曰之唐吾國代々帝后所
々男女發心清師多受此者彼黄門罪人々敢也婬女好色之名
也鬼神心猶牙也畜生无所道也是之猶皆免也況此外人乎方
今小覺不能發心細力不堪迎師及諸男女居一所集數人令
受也悦心從淺戲言從多聞力不廬不可輕思无明長夜戒光及
燒生死遠道本文如杖者

施米

施米自古今月公家被行事也以三國所被召三百石米四山所
在安居々比僧訪給也文殿人使空分行私人發心又送施凡山寺
常空寒就中煙絶是夏程也春蕨已老嶺雲亘採秋菓未
熟林風亘拾況復日長讀經力疲雨頻炊里路絶渡河送志

恩已深寺山施恩作念愈高眼皆落涙淩顔則失飢色阿闍
経佛説言死時施調時請僧供養風雨送遣修善據世安吾身
不々求得物自来集々粮霖雨々比送遣可叶意又此々比丘在无
事安卧諸佛悦皆給賢聖閑観翫愈勝又資積々来世財
多物受人施僧人多敬讃為猒離世閑静徒々无營事僧人
行其所不礼敬在世人只見今世々事不知後世々事也昔世有輕
人此僧親敬可貴讃普勧天下切捿寂无親无踈訪閑僧也

東大寺千花會　六月

此寺天帝立給倆工力行民者可多宣作大政官知識文下
遣國々一木一壌随力可加々天下随之如草靡風始築堂壇
之日先帝執鋤耕地后袖運土給況始自大臣諸人一人无遁息

若大仏頭給造塔出来此国本无金不能塗錺令祈申金峯山
金剛蔵王給令为法界衆生立寺作佛吾国无金此能匠成傳國
此山有金頓分給祈給蔵王示云此山金弥勒世可用吾只守也巨居
出近江国志賀郡河邊昔老居釣石有其上造居如意輪観
音令祈行給乃尋求得令石山地造観音祈白六奥国初申金
出来由進乃改年号天平勝寳供養寺給一々比行基菩良弁
僧正婆羅門僧正弘樫深引老此本老云各弘人々成生吾国成
自天笠来助此能也其同尋妙々事多文繁不注見續日本紀東
大寺記文知也寺中毎行多法會事滋不入此月行千花會々多
蓮花奉供佛也経云若人取花投散空中奉十方佛善根无限又
賢愚経云花天比丘長者子也良美之事无類生时天花雨宅内

深積寶床美食随念出来此人昔為貧人敷僧出里遊行見心
成喜欲供養観宅内无物出野行澤摘花散僧至心礼發願去
其後九十一劫不堕悪道今之値佛得羅漢位又経說威德比丘自
生甫和容鮮也父母見喜人皆作悦昔有人入塔中有萎花
穢塵泥土也取之拂拭更又供養發願去依此功德生天成人
衣受諸樂見仏聞法遂至聖位以彼花施僧之報无限况奉
佛散拭萎之勤不虚况折鮮之志散花色女人容儀毎生
似花摩耶夫人跡随歩蓮開皆是先世施花之報也為迴賢
慮及十方仏可留花者経中為人散乱以散衆雑花遍十方供
養一切諸如来之偈為以乱心散一枝花可帰法花經中為人散乱
心乃至以一花漸見无数仏之偈也

七月文殊會

此會初起於僧之志也令力云事昔贈僧正勤操元興寺僧泰善
等於畿内郡里弘設此會裹飯儲菓施諸貧者也是則文殊
般若經所有衆生聞文殊師利名除十二億劫生死之罪若欲供養
即食之分身成貧餓者孤病者形到其人前依宣行之事也其
後勤操已死泰善一人留也相次欲行增悲不已僧綱共申公天
長五年二月廿五日長分下官符京并七道國々每年今月八日
行之國々給稲又國郡司百姓随力加物不妨講讀師共行自可之給
米塩始自手親王卿百官人々令出錢分東西寺集諸貧者以僧三
綱五形從令唱藥師文殊号々字行之公所力不可令加人物僑法
史疑又獨別布施事自小到老及不如勅諸人如各令出少物集

量二所施貧人[illegible]老病困苦之人其福尋大是此輩成十方佛之分身
也故不軽懇皆先世父母替形也此故可悲之所以人尋是福田説淨
名是分瓔珞優婆塞戒經云貧人不能施人云此事不可合世間
貧人一日不食少物充當分其半施与乞者又福報經云以食施
具五功徳一施命也不食死故二施力也不食无力故三施色也不食
失容也四施安也不食不安故也五施詞也不食不能語者也因之
施食命長色美力勝身安詞妙報得又阿含經云若少樂老苦
人先世少時作福老作罪也若少苦老樂人先世少作罪老作福
也吾見世人或時状或時衰一身不同今聞仏教知先世心容花紅
人能知否頭蓮白華之所取乞者来門者如与懇病者臥道者
養回之得報仏多説請問須達与捐提之稽也

盂蘭盆　加自恣

盆供始白佛在世也盂蘭盆経云目連初得六通度〻母奉欲報養
恩見其亡所其父母生餓鬼中飢疲无限皮与骨貫立目連
悲泣盛飯鉢往与母左手柞飯右手サ取欲食未入口飯即成
火成灰不能食目連呼悲廻白仏言汝母罪重汝一人非可救七
月十五日備百味諸美食入盆中供養十方僧此日諸聖従道
入位厳可衆覚見十地菩薩假顕僧形皆来授飯供養自恣僧令世父
母七世父母得脱三途苦目連母此日脱一劫餓鬼苦目連又白仏言若
母脱三寶ゝ力故也若未世仏弟子可成此事哉仏言為比丘ゝゝ尼国王ゝ
子大臣宰相三公百官万民諸人有孝者皆可成此仏歎喜僧自恣日
調味入盆供諸僧成現在父母寿百年无病成七世父母放餓鬼苦

受人天和庶労行教々人念々常思年々能報恩自此之後天竺
大唐應行五國云拯善菩心地觀經見仏説世人依子造諸罪墮三
途受苦若無子外聖不神通不見輪廻之處雖奉事其子後世
作功德大光照地獄苦中有於々令知父母恩昔所作罪一念悔心皆滅
已无際受苦得脱思子祖心昔節重尊祖子志今年臻於
此日了安居即行自恣佛前庭集寺中僧龕次列座
律文傳事此時儲隨分物施滿座僧有人或削楊枝律文云
比丘之許用楊枝之事有利益或享朴于萬歳訶梨勒丸等
裹付法紙經云薄物羅昔見一比丘之痛頭与訶梨勒丸
其後九十一劫生善道受樂此身得百六十歳長壽无病云或
儲氏帋筆也優婆塞戒經云為氏帋筆墨与法師令書寫法

文得智恵致涼扇正法念経云以扇施僧涼与讀経令誦命終生風行天香句来云扇書示无比何物与人果報軽少耳中施僧切他殊勝也

八月比叡不断念佛

念佛慈覚大師自唐移傳貞観七年始行也四種三昧中名常行三昧仲秋風涼之時中旬月明之程自十一日暁迄十七日夜山上二千余僧分結四番七日七夜不断令行也身常迎仏身衆盡失口恒唱経口咎皆消心常運思心過愆盡阿弥陀経云若有[illegible]善心男女持聞阿弥陀仏名若一日若二日若七日至一心不乱臨終時心不惑即生極楽限七日可依此経又彼仏此衆生有大模救此衆生彼仏有大因縁一昌其名上叡之程滅八十億劫之罪忽生其国也

障々間超十方億土之界志求彼浄土安可發心厭老趣居只厭此
身之多苦乎心寄珠樹彼國之深乎也見春花不蓄七重林之色
聞暁風想像八功德池之浪常副暮日送心西方一日暫飛發元疑
五逆重罪滅除豈可不稱念耶

八幡宮放生會

八幡大菩薩本吾國聖皇也弘仁十年官符云神主大神清丸申文
云此大菩薩是譽田天皇也昔欽明天皇御世豐前國宇佐郡馬城
嶺始顯坐後移坐菱形小椋山今作宮是也天平五年迷頭賢
驗獻官幣給辛嶋勝氏獻古記云八幡三所始号廣幡大八幡
大神今名護國靈驗威力神通大自在王菩薩養老四年大
隅日向二國有軍事大神与官軍俱相向給祢宜辛嶋勝氏

波豆米奉仕興乎其歎陶信處有託宣言隼人多殺左
失其罪每年行放生曰之國々被祈所々必海邊河傍皆行
放生會祐僧俗之司以直取貝物以僧令咒願放水也而仏
説凡有情皆无不惜命受將各異痛身皆同梵網經云人以
慈心放生六道衆生皆是父母也殺食者殺吾父母也是故常
行放生見世人殺畜生時方便救助又云度集經云昔人行市
有賣龜者見之問直隨言多与買取放水見其流去悲惋
无限後夜此龜来囓門此人恠出見龜語云吾受重恩全
身得命欲報不能纔告知事洪水欲出速儲船此人朝到宮
門令奏了此由此人賢問依有了用其事移坐高所洪水已
出後終此人為大臣取手入宮並座語道又雜寶藏經云昔

有一羅漢仕一沙弥七日云朝必可死請暇還宅途中見諸蟻子流水ヵ死哀憐自脱袈裟入太防水救取蟻子置高所皆悉得生歴七日還来師大怪入定見更無他事只以救蟻子之力延命也知為人欲得位放生不疑於市中買亀之報為人欲延命放生可帰於彼水上救蟻子之力也豈可殺生耶

九月叡比灌頂

尋灌頂之起傳教大師唐貞元廿一年四月逢順暁和尚於越州龍興寺受之此延暦廿四年九月奏桓武天皇於清滝高雄寺行之宣旨云真言重道未傳此國闍梨傳此足為一國之師賜使令行事擇畫師令寫佛像移比叡毎年為寺事行嘉祥元年又慈覚大師奏云下官符立惣持院作灌頂堂長遠

於比山奉為公傳行也如来之法何皆同病到佛位無先於此道是故細欲令同食同趣山僧受此法者以水灌頂因之曰灌頂并成仏之時如来灌水其頂令入位給意也胎蔵界金剛界障等遂行進之道俗云四人可入人次調門前灑水云四人於前門可入人頂水灌道俗加持云四人灌水加持覆面引入云二人以赤衣黒衣面取手引入檀前授与密花云四人授花令打懸曼荼羅尼仏去花示位云八人見授花之所示打仏位授与密号云四人授其佛名大阿闍梨一人遣法参法乃奉打大日如来人坐花座讃其外仏随位讃之衆廿人致所著此則讃衆卅四人阿闍梨諸比歯木云八人用仕雲中事頂上受水常中授花無勞秘密深道成仏在此々事又東大寺与法性寺每

年長臈人行此寺々受付見格也

十月山階寺維摩會

昔大織冠内大臣鎌足大殿戸山城国宇治郡山科村末原家住久有身病不仕公有百濟國尼名曰法明到大臣家内大臣問云其國有如此病之人答云有又問如何愈答云顕維摩詰之像讀維摩經忽愈曰之大臣家中立堂顕其像令讀此經則此尼為讀師始日先講師問病品大臣病則愈明年長每年行大臣已亡後此事斷也内大臣二人有孫子父人年小後父漸仕上到大臣之位又身有病令占其崇祖時法事斷罪也占是故起此此會自末原家移行法光寺自法光寺移殖槻寺後文人大殿門立興福寺彼山科末原家堂立連具連移依立奈良

京山階寺云也法光寺特人名曰中臣内大臣自賜藤原姓已後
又曰藤原寺尓壊代々聖皇皆生此氏腹給次々賢臣多継门
跡寺榮會大事可然見也始自氏公卿至于五位繼衾施僧
見綴記　抑此經問病品佛令問淨名病給也維摩詰以方便現病
始自國王大臣諸人來訪元數答云此身如夢實不可思此身如
雲不久滅失不可思諸人皆厭此身甫歎仏身說教佛又文殊
力使訪給摩詰並知空宅中只置一床文殊至此病何因發治有
驗如何可愈佛者問給云摩詰答云衆生病為吾病衆生病
愈吾病〻《愈ん》又菩薩病發自大悲云又問此室何空元人答云諸仏國土
如此自是乞始遍說語妙法顯示諸奇事聞者見者多發菩薩心
冊大衆々覺見摩詰起自病床与文殊俱諸佛所淨名是大菩薩

也此非病空之言非也講此有驗也

十一月熊野八講

紀伊国牟婁郡神坐名熊野両所證誠一所両所如女与女也結蓁山中一所創津留社也此山本神申新宮本宮行八講此国南海分熊野里奥郡村也爪多山多里也往道遙也春往秋来之人希也居山跡者拾菓継命住海傍漁魚结罪而此社不坐不行八講而不行八講不知三宝五十人可以語傳遙而令開閉妙法給可謂井彙跡也四日櫃趣執事随来人ゝ進八座講師聴衆任自集僧之勤也僧俗不備鉢鋺受木節納帯袈裟論説不調衣袈裟被木皮袈着纏腰貴賤不擇品老少不定錯賢人愚經之佛讃人五施給受福无量此世得根施遠来之人

施遠去之人施飢饉ゝ之人施病痩之人知法之人也見此見此僧供
衣五時具此歩遠来也將欲遠去也无粮者飢饉也脚腫者病苦
也讀経誦咒知法也檀越得福今世不有疑又優婆塞戒經云
并施物之時不謂善悪人不擇貴賤不輕受人不罵辱辭
又同大論説有一長者曰ゝ依次請諸老僧供養沙弥不召得
阿羅漢諸沙弥等替形為老僧到其宅眉白如雪面皺如波着
座之後又本沙弥檀越驚佐沙弥教云汝愚也僧善悪以致之嘗
不可呑盡海水以人之心不可量知僧徳吾本自初不見佛法僧
有勝劣云吾今普試君聴取等心供莫擇僧也

比叡霜月會　加大師供

此會行唐天台大師忌日也大師南岳思大師弟子陳隋二世

（27オ）

之師也南岳位清六根天台覚登五品天台大師始生之時光照満
宅二僧忽来此子必可出家云則失七歳詣寺一聞得普門品十
八剃頭始行登大蘇山南岳大師取手云昔有霊山同聴法花
宿縁所追今復来矣云得法花三昧覚深明也得无导弁説之
无極南岳大師常代身令講経給夢見高山上僧立招後始登
天台空之光并云聖侍悦之形如昔夢則留此山陳世之皇及并
我弟子貴師名智者大師給大師嗽口説経灌頂執筆住帋
尓時量数書皆献之弘世開皇十七年十一月廿四日告維那云命
将終聞鐘聲増正念久有息絶為限言直居不動之如入定
終天雲廻從身風寒之痛山木傾水咽悲十日顔色同不誤身
遍流訝如生时每至忌日公家厳勢差使遣山大令修備

給齋筵并僧千一余呼名記此又如数受供又余事乃波
則知大師朱更僧也奇事妙態亘恍畫為欲知此寺往書
唐高僧傳并霊應傳可見也傳教大師深思大師之是遠
暦七年十一月始請七僧大寺名僧於叡岳室行十講此會之
始也十講畢其明朝旹日行大師於霊應圖懸壹内供奉
物送筵前奠茶備菓天台昔奉仕同捧花傳香大唐今
想儀時〻打鐃鈸又唱畫讃凡天台大唐吾國諸道祖大
師達備供同獻此畫讃願曽云讃天台大師書也智證大師
自唐傳也智證大師讃岐國人也其母夢空日入口見有身自
稚讀書誦経天長中間始登山義真座主恍為弟子仁壽三
年秋度唐求法天安夏向朝傳道將傳天台之此寺之間

（28オ）

誦法花経行大師依両多梵網経云若佛子父母和尚阿闍梨過
亡日可讀誦講説大乗経云是故末世佛弟子之志報大師之恩思也

十二月佛名

佛名静安和尚承和初年深草天皇勅始内裏行給後漸天下
普下勅道々国々行静安律師思書佛名経寫一万三千佛
献公家則書経献分遣国々来寫佛々間其後其弟子元興
寺僧賢護欲遂先師之志書一万三千佛七十二鋪公内裏斷
畳畾書寮其外分給司々国々見格佛名経云南無三世三劫諸仏
名或誦寫或書仏形或供養香花伎楽至心礼功徳无量也生
所常值遇三寶不堕八難南無礼時心念口言我今礼諸仏能三途
痛息国豊民安邪見人令發菩心能与衆生俱生无

量壽佛國又云聞仏名一心礼衆遠過事不謗无量阿僧祇
劫集諸罪滅搖不唱人可帰此文凡行仏名必用導師又被
廣綿私被縫衣為常敢阿含経佛説云不寒时温衣施僧
不熱涼衣施僧稱時令快壊世得稱心之報云凡衣与人果
報不軽況施僧功徳倉厚是故彼商那和修始自生时着衣
鮮白比丘自中有化有衣是皆先世以衣与僧報也又橋曇
旅自手織衣獻佛〻言思〻施吾功徳可授請心与僧功徳可
増勧給此佛居可行居易詩云香火一爐燒一盞白頭夜
礼佛名経之句以此知之也　讃曰経云惋人善根為我功徳為自
行者相扶若逢見聞喜思喜人心同与行人報等如為人燒香
其自同移向人燃燈其光等照吾宮被養深窓給不知食

踈事他界遠事心中思吾國近事眼前如見奉云私添會仏
事種々寫讀不出戸知天下貴聽不如此巻彼弥勒之行五悔其中
述随喜方便之詞普賢之發十願其中立随喜功徳之力倍勤
諸事貴哉貴哉

三寶繪下巻

寛喜二年庚寅四月九日未剋書寫於山西谷書了

依戒善純沙門叡賢　生年七十七

一交了

右三寶繪三卷者釋迦院前大僧正所雅所藏也乙未之裝潢其舊本而覆摹之遂加再校以收書庫云

正德五年六月中澣

養民堂主人識

（30オ）

参考図版

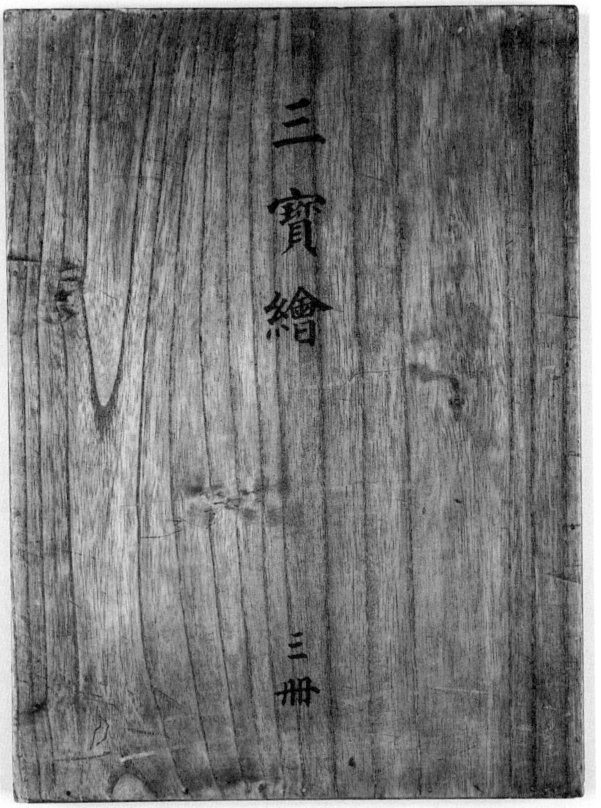
三寶繪
三冊

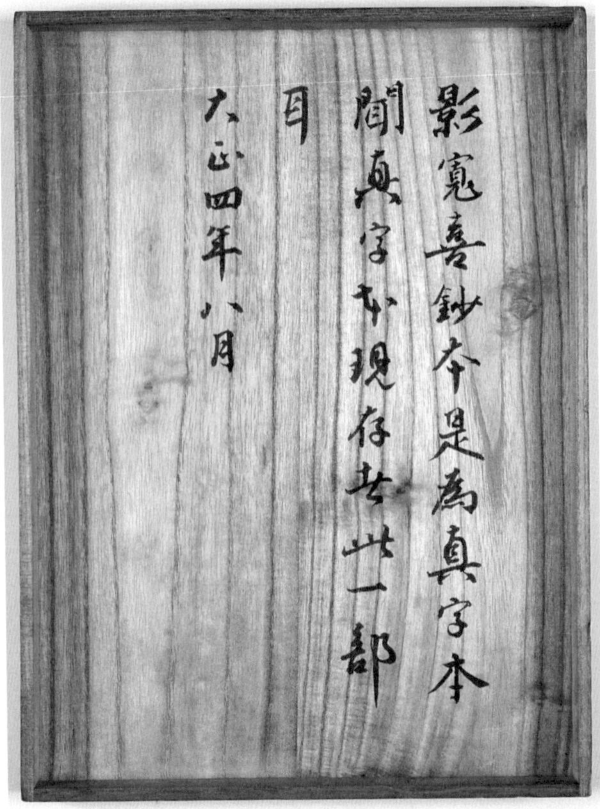
影寛喜鈔本是為真字本
闕真字本現存者此一部
目
大正四年八月

収納桐箱の蓋（表・裏）

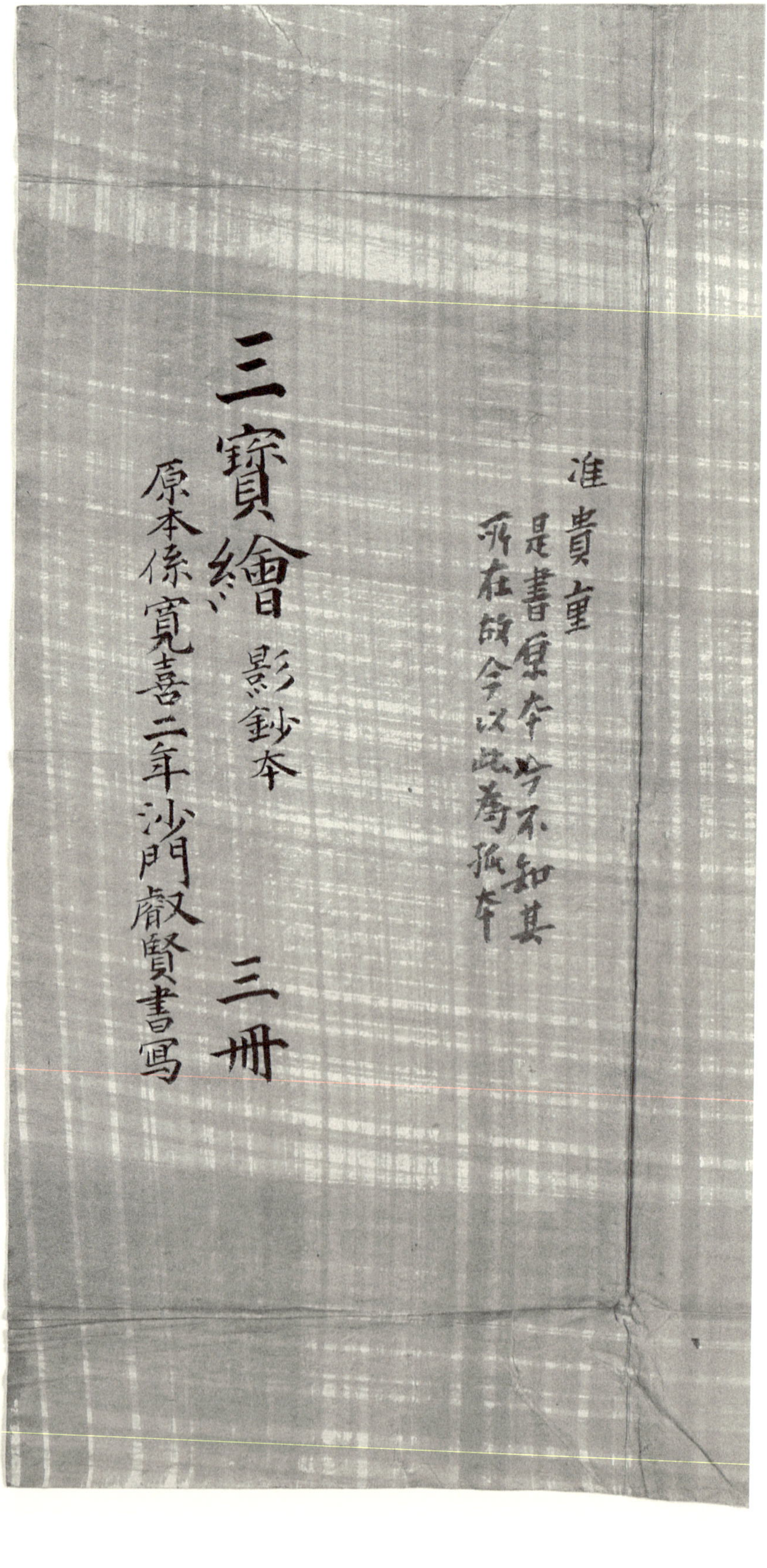
准
貴重
是書原本今不知其
所在故今以此為孤本
三寶繪
影鈔本
三冊
原本係寛喜二年沙門叡賢書寫

包紙の上書

上巻21オの附箋（四七頁）

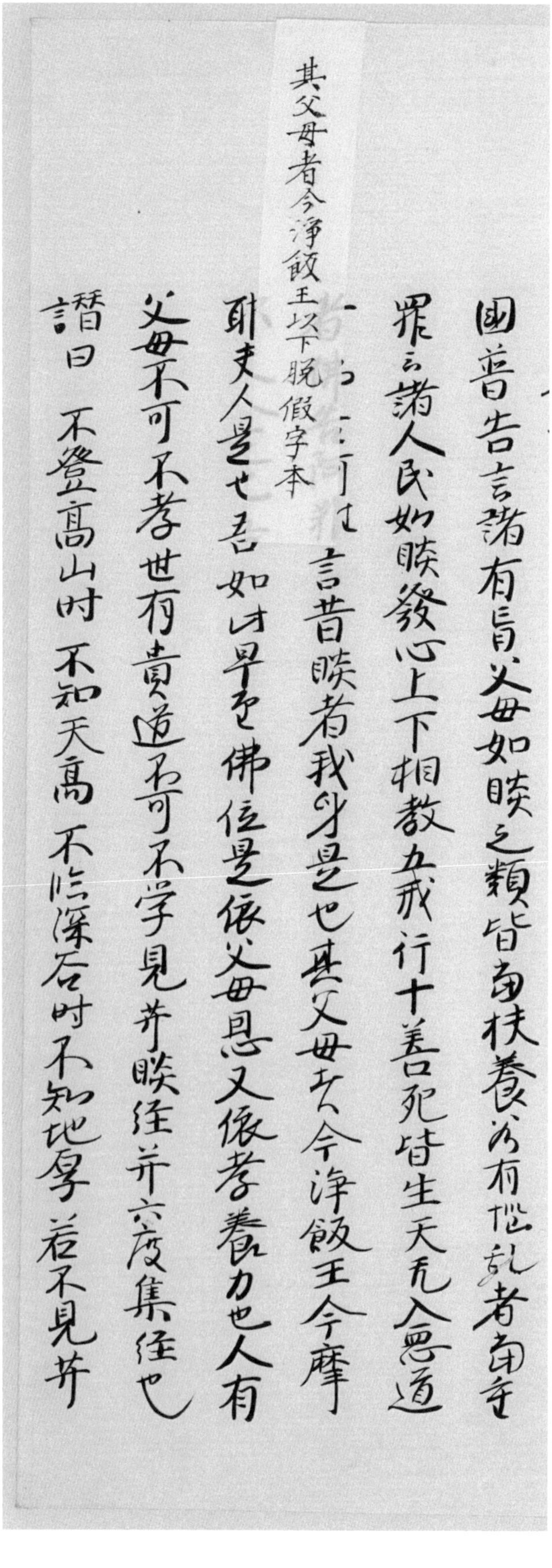

其父母者今浄飯王以下脱假字本
國音告言諸有旨父母如睺之類皆南扶養為有惱亂者南寺
罪云諸人民如睺發心上下相教五戒行十善死皆生天无入悪道
言昔睺者我身是也其父母者今浄飯王今摩
耶夫人是也吾如此早登佛位是依父母恩又依孝養力也人有
父母不可不孝世有貴道不可不学見井睺経并六度集経也
諺曰　不登高山時　不知天高　不臨深谷時不知地厚　若不見井

尊経閣文庫所蔵

『三宝絵』解説

田島　公
宮澤　俊雅

尊経閣文庫所蔵『三宝絵』の書誌

田島　公

一　『三宝絵』の概要

『三宝絵』は、十八歳で出家した尊子《たかこ》内親王（冷泉天皇皇女・九六六〜九八五）のために仏法の要旨を説いた、源為憲（?〜一〇一一）撰の絵巻物（詞書き付き）の仏教説話集である。詞書き部分のみを抄出したものも伝わり、鎌倉時代以降は「三宝絵詞」ともよばれたようであるが、後述するように現存の『三宝絵』の諸写本には絵の部分は残っていない。仏・法・僧の三巻（三宝）に分かれ、それらを分かり易く具体的に説明した、いわば仏教の入門書であり、永観二年（九八四）十一月の為憲の序がある。『三宝絵』の研究は、中川忠順氏によって本格的に研究が始まって以来（中川一九〇九）、覆製本・影印本の解説、注釈書や翻刻本だけをとりあげても、池田亀鑑（池田一九三五）、山田孝雄（山田一九五一）・高橋貞一（高橋一九七一）・高橋伸幸（高橋一九八〇）・小泉弘（小泉一九八〇・一九八九）・馬淵和夫（馬淵一九九七）の各氏らによって、詳しい研究・解説がなされている。また、関連史料は『大日本史料』第一編之二十一　永観二年十一月是月条（「是月、参河権守源為憲、尊子内親王ニ、三宝絵ヲ撰進ス」）に収載されている。本書前田育徳会尊経閣文庫本（以下尊経閣本と略称）に関しては、一九三五年（昭和一〇）に刊行された尊経閣叢刊の複製に付けられた、池田亀鑑氏による適切な解題があり（池田一九三五）、以下の解説も殆ど先学の研究によっている。

i　成立―撰者源為憲と尊子内親王を中心に―

『三宝絵』の成立に関しては、既に先学が指摘するように、『大鏡』三　太政大臣伊尹（藤原）謙徳公に「花山院御いもうとの（中略）女二の宮（尊子）は冷泉院の御時の斎宮（安和元年七月一日）［院］にたゝせ給て、円融院の御時（天元三年十月二十日）の女御にまいり給へり。ほともなく、内のやけ（焼）にしかは（十月二十二日）、火の宮と世の人つけたてまつりき。さて二三度まいり給ひてのち、ほどもなくうせ給にき。この宮（尊子）御覧ぜさせむとて三宝絵はつくられるなり」とあり、尊子内親王が「御覧」になるために『三宝絵』が作成されたことが知られる。このことは、尊経閣本『三宝絵』総序に「吾冷泉院太上天皇第二女親王（尊子内親王）、春花顔恥、寒松心譲、九重城撰入給、五濁世厭離給、（中略）因之數貴事令圖繪、加載經書文令獻、其名曰三寶繪、令傳言人結三歸緣、其數分三巻、御覧宛三時之隟也、（中略）于時、永觀二歳仲冬也（十一月）」とあることからも裏付けられる。

まず、『三宝絵』の撰者である源為憲の出自・官歴や著作を、『大日本史料』二編之七　寛弘八年是月条に見える彼の卒伝史料及び岡田希雄（岡田一九四二）・大曽根章介（大曽根一九九七）・速水侑（速水二〇〇六a）の各氏の研究などによって示すと以下の通りである。

為憲は、光孝源氏（光孝天皇の皇子是恒の曽孫）の出で、筑前守忠幹の子である（『倭歌作者部類』二　五位・『尊卑分脈』光孝源氏）。天慶四年（九四一）に誕生したとする説が有力である（速水二〇〇六a）。応和三年（九六三）三月、前文章得業生三善道統宅での詩合の記録によれば、字を源澄といい（『善秀才宅詩合』紅霞韜緑樹）、大学寮に学ぶとともに、若い頃より私的に源順に師事した。進士（文章生）となった後、内記を経て、天元年間（九七八〜九八三）に蔵人・式部丞に任ぜられた。次いで三河権守在任中の永観二年十一月に『三宝絵』を献じ、正暦二年（九九一）、遠江守に拝任されて、五年目の長徳元年（九九五）に任期を終え、翌同二年、治国の功績により、位が一階あがって従五位上となった。遠江守在任中は疲弊荒廃した国内を復興させたと『本朝文粋』巻六に収載する自身の長徳三年（九九七）正月二十三日付けの申文には見える。この申文によって、為憲は同年正月の除目によって美濃守となったようであるが、『権記』長保二年（一〇〇〇）二月二十二日条によれば、藤原致忠（宗忠）殺害事件の処分に関して失態があったらしく、国政にかかわることを停止された（以上、岡田一九四二）。しかし、為憲は任国の百姓らから慕われ人望のある受領だったようで、百姓らの申請により復任した。その後暫く為憲は散位期間が続いたようであるが、伊賀守となり、その在任中の寛弘八年（一〇〇七）八月に亡くなっている（『倭歌作者部類』二　五位）。

『三宝絵』の内容に関して言えば、康保元年（九六四）三月十五日に、慶滋保胤によって創始された勧学会の参加者であったことは注目されている。為憲が大学寮の学生と天台宗の僧が集まって講経・念仏・作文を行う勧学会の会衆であったことから、『三宝絵』巻下第一四「比叡坂本勧学会」を始め、下巻に見える月次に開催される法会の来歴には比叡山関係の記事が多い。これは、為憲の仏教思想の基調が天台法華宗であることの表れであるという（大曽根一九九七）。

『三宝絵』の他に、為憲の著作としては、天禄元年（九七〇）に藤原為光の一男で当時七歳であった松雄君（藤原誠信）のために撰した教科書『**口遊**』、同三年九月に空也が亡くなるのに際して（この時も為憲は三河権守）、その業績をたたえるために撰した『**空也誄**』、寛和二年（九八六）三月二十二日に円融法皇は東大寺で受戒するが、その時のことを記録した『**太上法皇《円融院》御受戒記**』、寛弘四年（一〇〇七）八月十七日に、藤原道長の命により、その子頼通のために日常用いられる故事成語とその出典・本義とを記した啓蒙書『**世俗諺文**』などがある。また、逸書ではあるが、『江談抄』五　詩事に見える『**本朝詞林**』及び家集『**為憲集**』などが知られる他、『**法華経賦**』もある。『法華経賦』は、永延二年（九八八）正月一五日に僧源信が宋の台州の商客周文徳に付して天台山国清寺に『往生要集』などを贈った際に、良源撰の『観音讃』や慶滋保胤撰の『十六相讃』・『日本往生伝』とともに托送され、その名が中国まで知られた（『往生要集』跋文他、池田一九三五）。また、寛弘元年（一〇〇四）三月七日には、因幡国が于〔迂〕陵嶋人一一人の来航を伝えているが（『権記』）、為憲は嶋人に代わって詩を詠じている（『本朝麗藻』下　餞送部）。

尊経閣本『三宝絵』総序に「參河權守源爲憲者、載恩高於山、懐志深於海宮人也、小遊文道、折一支之桂、老入法門、願九品之蓮」とあるように、源為憲は、尊子内親王の深い恩をうけた宮人であり、内親王のために誠心をささげ、仏道修行の贈物として『三宝絵』を献上した（高橋一九七一）。為憲は官歴からすれば、中央の官僚貴族というよりは地方国司（受領）の経験が長い中下級貴族であるが、『江談抄』四に一条天皇が為憲の漢詩に感じて、「自作」であると称したことが伝えられており、また『続本朝往生伝』に一条天皇の頃の「文士」の一人として為憲の名前が挙げられているので、仏教知識の深い熱心な宗教者であるとともに、当代を代表する詩文家、一流の文人として知られていた（岡田一九四二）。

次に尊子内親王の生涯について少し詳しく述べておく。尊子内親王は冷泉天皇の第二皇女。母は謙徳公すなわち藤原伊尹《これまさ》の女、女御（贈皇太后）藤原懐子《ちかこ》である（『大鏡裏書』）。以下、断片的ではあるが、史料に見える尊子内親王を追うこととする（『大日本史料』第一編之二十三　寛和元年五月二日ノ第二条・『冷泉天皇実録』尊子内親王条、速水二〇〇六b他参照）。

尊子内親王の誕生の年月日を具体的に示す史料は不明であるが、薨去年より逆算すると康保三年（九六六）である。康保四年九月四日に内親王となり（『日本紀略』）、康保五年（安和元年・九六八）七月一日に三歳で斎院（賀茂斎王）に卜定された（『一代要記』・『日本紀略』）。同年（改元して安和元年）十二月二十七日には禊をして初斎院である左近衛府に入って、規定通り二年間潔斎に務めることとなった。安和の変（安和二年・九六九）後、同年八月十三日に冷泉天皇が退位して、弟の円融天皇が即位するものの、安和三年（天禄元年・九七〇）二月二十九日、円融天皇は斎院を改めない旨を賀茂社に奉告させたので、尊子内親王はそのまま賀茂斎院を務めることとなった。そして、天禄元年四月十二日、尊子は「東河」（賀茂川）にて禊をして、紫野院（本院）に入った（以上、『日本紀略』・『賀茂斎院記』）。なお、この日のことに関して、『日本紀略』は最後に「今日、無諸司禄、違例也」とわざわざ記している。何らかの理由で、本院である紫野院への尊子内親王の入御が、それ程、盛大に行われなかった可能性が窺われる。その後、『日本紀略』天禄二年（九七一）四月十七日条・同三年四月十七日条・同四年（天延元年・九七三）四月十一日条・天延二年四月十六日条に、それぞれその三日後の賀茂祭のために禊事を務めたことが見える。また当時蔵人を務めていた平親信の日記『親信卿記』天禄三年四月十七日条・天延元年四月十一日条・同二年四月十六日条〜二十日条には「御禊」や「祭日」の様子が詳しい（西村さとみ「賀茂祭」佐藤宗諄先生退官記念論文集刊行会編『親信卿記』の研究』思文閣出版　二〇〇五年）。天延元年十二月二十一日には「齋院廳屋」が焼亡しており（『日本紀略』）、後に尊子内親王が「世人」によって「火の宮」と呼ばれる端緒があった。天延三年四月三日、母藤原懐子が四〇歳で亡くなったため、尊子内親王は「本院」を退出した。このため同月十九日に行われた賀茂祭には、「母喪」によって「供奉」しなかった（『紀略』・『賀茂斎院記』）。そして、貞元三年（天元元年・九七八）五月九日に四品尊子内親王の「位記請印」の記事が見える（『日本紀略』）。さらに天元三年（九八〇）十月二十日に尊子は円融天皇の女御として入内し、麗景殿に候することとなったが（『紀略』・『賀茂斎院記』・『大鏡裏書』）、その直後の二十二日に内裏が焼けたため、内親王は「火の宮」と「世人」から呼ばれた（『栄花物語』二　花山たづぬる中納言）。その後、天元四年正月十日に二品に叙せられ、天元五年正月十九日には承香殿を直廬としたので（『小右記』）、以後、承香殿女御と呼ばれた。しかし、前日に母方のおじ藤原光照〔昭〕（藤原伊尹の七男）が亡くなったことにより、同年四月三日の夜、尊子は承香殿を退出した（『小右記』）。そして『小右記』同月九日条に

> 傳聞、昨夜二品女親王（承香殿女御）不使知蜜〔密〕親切髪云々、或説云、「邪氣之所致」者、又云、「年來本意」者、宮人秘隱、不云實誠、早朝、義壞〔懐〕（藤原）朝臣參入、令奏此由云々、又云、「是非多切、唯額髪許」云々、頗似秘蔵詞、主上（円融天皇）頻有仰事、

とあるように、尊子は光昭の初七日に当たる四月八日の夜、人に知らせずに自ら髪を切ったため、宮中に衝撃が走った。突然の薙髪の理由に関しては、「邪気」のせいであるとか、「年來の本意」であるとかといった憶測が流れたが、関係者は黙して語らず、切った髪の量も実は多くなく、ただ額の髪を切った程度だという説も流れた。

しかし、結局、真相は語られないままとなったらしい。その後、同年十一月十七日の内裏焼亡に際して、内親王は本家に移っている（『日本紀略』）。なお、尊子内親王の薨去に関しては、『小右記』寛和元年（九八五）五月二日条に「此曉、二品尊子内親王薨、（冷泉院二宮、）」と五月二日の明け方に亡くなったと記しているが、『日本紀略』花山院寛和元年五月一日乙巳条に「前齋院二品尊子内親王薨、（年廿、冷泉院上皇第二女、上皇妃也）」と記しており、五月一日に亡くなったとの説もある。没後、内親王の四十九日の追善供養のために慶滋保胤が作った「爲二品長公主（尊子内親王）四十九日御願文」（『本朝文粋』十四　願文下　追善）に「去月十九日（ママ）、請故延暦寺座主大僧正良源」とあるように、内親王は亡くなる前に天台座主故良源（寛和元年正月三日没）を戒師として宿願の出家を遂げている。内親王が亡くなった一ヶ月後の六月二日には藤原伊尹の女で大納言藤原為光の室が亡くなるが、それに関連して『小右記』寛和元年六月三日条には「彼一條太相府（藤原伊尹）子孫連々死去、々月（五月）孫親王（尊子内親王）薨、又有此事、天下所奇思也」と記している。『栄花物語』一　月宴には「女二の宮（中略）いみじう美くしげに光るやうにておはしましけり。東宮（円融天皇）かくておはしませば、時〲こそ見奉りにも参らせ給へ、たゞこの姫宮をよろづの慰めおぼしめしたり」と見え、また『同』二　花山たづぬる中納言には、尊子内親王のことを「いみしううつくしうともてけうし給ひしを」とあるので、大変な美人であり、円融天皇に寵愛されていた事が知られる。そして、後ろ盾となるはずの母方の藤原伊尹一族が次々に亡くなっていく中、悲境に沈

む内親王の心を慰める目的で作られたのが『三宝絵』であるという（馬淵和夫氏に聞く一九九七年）。

ii　伝本

『三宝絵』の主な伝本としては、以下の全く表記が異なる三種類の写本があることが知られ、研究が進められてきた。

①ごく僅かな漢字交じり書き部分を除くと、**草仮名**（**平仮名**）**書き**で、**保安元年**（**一一二〇**）**の識語**を有する関戸家旧蔵であり、現在、名古屋市立博物館に蔵される写本（以下、**名博本**［**関戸本**］と略称）一冊、及びかなり以前より同じこの本から古筆として切り出され伝源俊頼（一〇五五?～一一二九）筆とされる「**東大寺切**」と称されているもの。諸本研究の上では名博本［関戸本］と「東大寺切」とは一つのものとしてとられている。

②**漢字交じり片仮名書き**（一部）で、文永十年（一二七三）の識語を有する東寺観智院旧蔵であり、現在、東京国立博物館に蔵される写本（以下、**東博本**［**観智院本**］と略称）三冊。

③**変体漢文体**で、現在所在不明の醍醐寺釈迦院前大僧正有雅所蔵本（寛喜二年［一二三〇］三月・四月の僧叡賢の奥書あり）を正徳五年（一七一五）六月に忠実に書写を終えた前田育徳会尊経閣文庫所蔵本（**尊経閣本**［**前田本**］＝本書と略称）一冊。

池田亀鑑氏（池田一九三五）による本書③尊経閣本の解説でも簡単にはふれられているが、三種類の写本の関係に関しての検討は、③に①・②も加えて研究した山田孝雄氏によって本格的になされ（山田一九五一）、髙橋伸幸氏によって、三本の釈文が対照されながら翻刻されている（髙橋伸一九八〇）。

以下、本書③尊経閣本について述べる前に、それ以外の伝本について先行研究により略述しておく。

①**名古屋市立博物館本**（**関戸家旧蔵本**）・**東大寺切**　**名博本**［**関戸本**］は、上・中・下三巻の内、中巻の大部分と下巻の一部からなり、全体の約三分の一が存在する。全八六丁。墨付き八三丁の零本一冊（重要文化財）。装訂はもと粘葉装から改装され、現在は綴葉装（列帖装とも・七括）とされており、巻末に「保安元年六月七日書うつし／おはりぬ、／願以此功徳、普及於一切、我等与衆生、／皆共成佛道、」（／は改行）とあるため、書写年代は保安元年と一般にされるが、この識語が書写した際のものか、本奥書かは決しがたいという。しかし、書風などから平安後期の筆跡と理解されており（山本一九八九）、三本中最も古い写本である。この写本から切り離された「**東大寺切**」は、山田孝雄（山田一九五三・一九五四）・安田尚道（安田一九八一・一九八二・一九八六・一九九五）・髙橋伸幸（髙橋伸一九八〇）・小松茂美（小松一九九三a・b）の各氏らによって蒐集・整理され、現在までに九一切確認されており、名博本［関戸本］とあわせて一七四葉が確認されている（補注）（馬淵一九九七）。名古屋市立博物館より複製された『三宝絵』と小松茂美氏の『古筆学大成』二五巻によって大部分の写真を見ることが出来る。名博本［関戸本］には（A）平仮名

の書き込みと（B）片仮名（若干の平仮名が交る）の書き込みとがある。（A）は本文と同筆であり、本文書写後に誤写の箇所を訂正した部分、（B）は異本（名博本［関戸本］・東大寺切校合本）によって校合した部分であるという（馬淵一九九一）。

②**東京国立博物館本**（**東寺観智院旧蔵本**）　**東博本**［**観智院本**］は上巻・中巻・下巻がそれぞれ粘葉装となっている三帖（重要文化財）。上巻の末に一丁分の佚失があるもののほぼ全て揃っており、中巻末に、妙達の蘇生記（「僧妙達蘇生注記」）を書写している。東寺（教王護国寺）に蔵されていた頃に書写した影写本が東京大学史料編纂所及び京都大学文学部日本史研究室（古文書室）に存在する。編纂所には、明治一八年（一八八五）の採訪の際に「影写」された写本（三冊、請求番号　二〇一四―一三九）と明治四四年（一九一一）二月に「謄写」された写本（三冊、請求番号　二〇一四―一四〇）の二部の影写本がある。戦中に古典保存会の覆製本が一九三九年から一九四一年にかけて刊行され（山田一九三九・一九四〇・一九四一）、日本古典文学影印叢刊としても復刊されている（大曽根一九八四）。下巻の末に

文永十年八月八日彼岸中日未刻

書寫了、

戸部二千石三善朝臣（花押）

（別筆）「東寺宝泉院本」

と見えることから、書写年代は、文永十年（一二七三）であり、鎌倉後期の写本である。この写本を書写した「戸部《こほう》二《に》千石《せんせき》三善朝臣（花押）」に関しては、三善氏出身者のうち、戸部が民部省の、二千石が地方官（国司）の唐名であることを手懸かりに、文永十年に存命し、民部卿・大輔・少輔・大丞・少丞のいずれかの在職者のうち国司を兼官した人物を検討した小松茂美氏（小松一九九三a）や更に東博本［観智院本］の裏表紙見返しの裏に本文と同筆で見える、日記と思しき某年九月一日条を併せて検討された外村展子氏によって（外村一九九四）、民部大夫（少丞）兼加賀守の三善政康（?～一二八九・当時六一歳）であったことがあきらかとなった。政康は鎌倉に下った三善氏の者である。なお、参考までに東博本［観智院本］の覆製本や編纂所所蔵の影写本（明治四四年謄写本）によって東博本［観智院本］の裏表紙見返しの裏の日記を、外村氏の翻刻を若干訂正して掲げると以下の通りである。

□□□□卅日、出京、□□□□

九月一日、此日雨下下着信夫郷、落付、■■■■、二日、雨下、朝郡司■、□

三日、

外村氏は九月一日条に見える信夫郷を常陸国信夫郡と推定し、信夫郷にあった東寺領信太荘の地頭に対して年貢送進の催促または何らかの問題解決のために彼の地に下り、荘内の今泉寺に立ち寄り、そこにあった『三宝絵』を日記と同じ料紙に書写した可能性を想定している（外村一九九四）。また、文永十年の奥書の左に別筆で「東寺宝泉院本」とあるが、馬淵和夫氏は、三善政康によって書写されたものが東寺宝泉院の什物となった経緯に関して、宝泉院が醍醐寺地蔵

院流であり、その法流親玄は鎌倉に居住しながら、永仁六年（一二九八）、醍醐寺座主・東寺二長者となったことから、政康かその子から親玄の手に渡り、東寺宝泉院に蔵されるに至ったと推測されている（馬淵一九九七）。

東博本［観智院本］の文体は漢字片仮名交り文とされるが、上巻は、漢字を大字とし、片仮名を双行宣命書きとするのに対して、中巻・下巻は、片仮名も漢字も同じ大きさの漢字仮名交り文であり、この本の親本は、上巻と中巻・下巻とが書写年代を異にする取り合わせ本（上巻の親本は平安中期から末期、中巻・下巻の親本は院政期から鎌倉期）ではないかとする指摘もある（水田一九五二）。しかし、これを時代の違いではなく、様式の違いと解釈する理解もある（馬淵一九九七）。東博本はこれまでの翻刻・注釈などで底本となることが多い。

なお、③尊経閣本［前田本］に関しては、次節で詳しく述べるが、その他に、諸書に断片的に引用される『三宝絵』が幾つかあり、更に『三宝絵』の中からある一話だけ抜き出して一書としたものに、次のものが紹介されている（安田一九八〇ｃ）。

（1）**西本願寺蔵『上宮太子御記』**（中巻第一話［聖徳太子］・漢字片仮名交り書き。以下、**御記本**と略称。徳治二年［一三〇七］十月転写本。翻刻橋川一九二一）。

（2）**高山寺蔵『盂蘭盆供加自恣』**（下巻第二四話［盂蘭盆加自恣］・漢字片仮名交り書き。室町初期写。以下、**高山寺本**と略称。翻刻小林一九七八・安田一九八〇ｂ）。

（3）**国立公文書館蔵『結摩会』**（下巻第二八話［山階寺結摩会］・平仮名書き。明治期写。翻刻宮田一九七八）。

また、この他、当然のことながら、源為憲が尊子内親王に進上した清書本（**奉献本**）が存在し、更に『叡岳要紀』（『群書類従』巻四三九上）の「傳教大師父三津首百枝本縁起、大外記中原師重云、百枝昇進事日本紀所未見云々」に関連して「源為憲撰三寶繪草案中在之、又尊敬記同之」という記載から、「三寶繪草案」という漢文ないし変体漢文で書かれた草稿本の存在（池田一九三五）やそれを平仮名にした下書き本の存在が想定されている（馬淵一九九一）。これらと現在伝わる三種類の文体の写本との関係に関しては諸説あるが、それら諸本の系統に関しては、馬淵和夫氏が以下の系統図を示されているので、参考までに掲げさせていただく（馬淵一九九七。ゴチックは現存する写本。但し、最後の（真名本）の部分は、馬淵氏によれば、「（真名本）…前田本」とあるが、「（真名本）…醍醐寺本―**尊経閣本**」とした）。

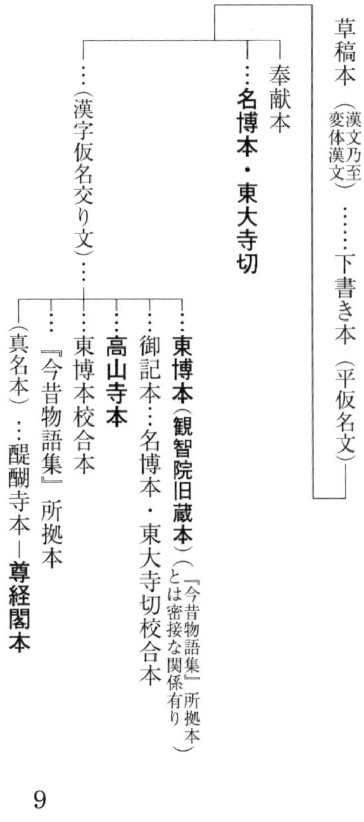

iii　内容―構成と絵―

『三宝絵』の構成は、全体の総序（尊経閣本）に「因之、數貴事令圖繪、加載經書文、令獻、其名曰三寶繪、令傳言人結三歸縁、其數分三巻、（中略）初巻、昔佛行事、出種々經、中巻、出中〔来脱カ〕法之弘〔事脱カ〕此、撰家々之書、後巻、注今僧以勤事、自正月至十二月、尋所々態、其端各述趣、其奥又讃徳也、凡顯佛・法・僧、初善、中善、後善、在々所々、有三寶、可護之」とあるように、三巻の総序の後に続き、上・中・下の各巻とも、序・説話・讃の各部からなる。中心となる説話部では、上巻（仏宝）には本仏生譚（「昔佛行事」）一三条を、中巻（法宝）には聖徳太子以来の『日本霊異記』などを原拠とする因果応報譚（「中〔来〕法之弘〔事〕」）一八条を、下巻（僧宝）には平安朝に行われていた正月から十二月までの仏教行事の解説（「今僧以勤事」）三一条を、それぞれ記している。具体的な内容は別表のようであるが、『三宝絵』は読者として内親王を想定していることから、下巻に見える二月の西院阿難悔過や三月の法花寺華厳会など尼寺の行事を取り上げている点でも注目されている（山田一九五一）。また尊子内親王に献納された『三宝絵』には先に引用した総序の傍線部のように絵が存在したはずであるが、現存する『三宝絵』の諸本には、絵は存在しない。但し現存本のうち尊経閣本〔前田本〕には絵の存在に関する注記は全くないが、東博本〔観智院本〕の上巻の⑴檀波羅蜜、⑵持戒波羅蜜、⑶忍辱波羅蜜、⑷精進波羅蜜、⑸禅定波羅蜜、⑹般若波羅蜜、の六つの説話の末尾に「有繪」または「繪有」と注記され、更に名博本〔関戸本〕の中巻「四　肥後国シシムラ尼」の末尾には「ゑあり」と見えることから、当初は上・中・下巻六二話全てに絵が存在していたことが想定されている（山田一九五一）。

iv　出典と利用・引用

まず、『三宝絵』に引用される史料に関して述べると、仏典では上巻を中心に『六度集経』『智度論』『報恩経』『最勝王経』『涅槃経』『太子須檀那経』『菩薩睒経』『西域記』（以上上巻）、『提謂経』（下巻）などの出典が示されている。これらの経典は総序も含め、直接原典からの引用ではなく、唐・西明寺沙門釈道世（？～六八三）撰の『法苑珠林』からの引用であることが指摘されている（本田一九六一・森一九七七）。一方、中国の典籍は殆ど引用されていないという特徴がある。また、中巻には日本の書では「日本紀」・「平氏撰聖徳太子伝」・「上宮記」・「日本国現報善悪霊異記」・「続日本紀」・「日本国名僧伝」・「石淵寺縁起」等が引用され、下巻には、「格」「三代実録」「志賀寺ノ縁起」「（大安寺）縁起」「殿上日記」「嘉祥ノ官符」「天平五年ノ（長谷寺）観音ノ縁起并雑記」「東大寺ノ記文」「（興福寺ノ）縁起并雑記」「霊応伝」などが出典をあげて引用されている（山田一九五一）。

また、『三宝絵』の後代への影響に関して、山田孝雄氏以来の研究があるが（山田一九五一）、これまでの研究成果は小泉弘氏によれば、

『三宝絵』説話一覧

巻	本文頁	説話番号	前田育徳会尊経閣文庫本	新日本古典文学大系本
上巻	七		総序	
	一一		上巻序	序
	一三	1	檀波羅密	檀波羅蜜
	一五	2	持戒波羅密	持戒波羅蜜
	一六	3	忍辱波羅密	忍辱波羅蜜
	一八	4	精進波羅密	精進波羅蜜
	二二	5	禅定波羅密	禅定波羅蜜
	二三	6	般若波羅密	般若波羅蜜
	二三	7	流水長者	流水長者
	二五	8	賢誓師子	堅誓師子
	二七	9	鹿王	鹿王
	二九	10	雪山童子	雪山童子
	三二	11	薩埵王子	薩埵王子
	三五	12	須太拏太子	須太那太子
	四二	13	睒童子	施无
	四七		讃	
中巻	五七		中巻序	序
	五九	1	上宮太子	聖徳太子
	六六	2	役小角	役行者
	六八	3	行基菩薩	行基菩薩
	七一	4	肥後国豊肥君女子宍村尼	肥後国シシムラ尼
	七二	5	衣縫伴臣〔造〕義道	衣縫伴造義通
	七三	6	播磨国飾磨郡漁翁	播磨国漁翁
	七三	7	百済人渡来僧義覚法師	義覚法師
	七四	8	京人優婆塞小野朝臣庭丸	小野朝臣麿
	七五	9	山城国打碁沙弥	山城国囲碁沙弥
	七六	10	山城国相楽郡造経筥人	山城国造経函人
	七六	11	伊賀国山田郡高橋連東人	高橋連東人
	七八	12	大和国添上郡山村郷女人	大和国山村郷女人
	七九	13	奈良尼寺上座女置染臣鯛姫	置染郡臣鯛女
	八〇	14	奈良古京六条五坊人楢槃〔磐〕嶋	楢磐島
	八二	15	諾楽京僧	奈良京僧
	八三	16	吉野山海部峯寺僧	吉野山寺僧
	八五	17	美作国英多郡採鉄山人	美作国採鉄山人
	八六	18	大安寺僧栄好	大安寺栄好
	八九		讃	
下巻	九九		下巻序	序
	一〇一	1	修正月	修正月
	一〇二	2	御斎会	御斉会
	一〇三	3	比叡懺法	比叡懺法
	一〇五	4	温室功徳	温室
	一〇八	5	布薩	布薩
	一一〇	6	修二月	修二月
	一一一	7	西院阿難悔過	西院阿難悔過
	一一三	8	山階寺涅槃会	山階寺涅槃会
	一一五	9	石塔	石塔
	一一六	10	三月志賀伝法会	志賀伝法会
	一一八	11	薬師寺最勝会	薬師寺最勝会
	一一八	12	高雄寺法花会	高雄法花会
	一二〇	13	法花寺法花〔花厳〕会	法花寺花厳会
	一二一	14	比叡坂本勧学会	比叡坂本勧学会
	一二三	15	薬師寺万燈会	薬師寺万灯会
	一二五	16	四月比叡舎利会	比叡舎利会
	一二七	17	大安寺涅槃〔大般若〕会	大安寺大般若会
	一三〇	18	四月八日灌仏	灌仏
	一三〇	19	比叡山受戒	比叡受戒
	一三二	20	長谷菩薩戒 五月	長谷菩薩戒
	一三五	21	施米	施米
	一三六	22	東大寺千花会 六月	東大寺千花会
	一三九	23	七月文殊会	文殊会
	一四一	24	盂蘭盆	盂蘭盆
	一四三	25	八月比叡不断念仏	比叡不断念仏
	一四四	26	八幡宮放生会	八幡放生会
	一四六	27	九月比叡灌頂	比叡灌頂
	一四八	28	十月山階寺維摩会	山階寺維摩会
	一五〇	29	十一月熊野八講	熊野八講会
	一五一	30	比叡霜月会	比叡霜月会
	一五四	31	十二月仏名	仏名
	一五五		讃	

以下のように整理されている（小泉一九九七）。（ｉ）『**日本往生極楽記**』（慶滋保胤撰）のうち増補された聖徳太子・行基の二伝に影響が認められる。（ⅱ）『**大日本国法華験記**』（鎮源撰）の上巻一〇、下巻九六・九八・一〇五・一〇六・一〇八の六話が『三宝絵』を典拠とする。（ⅲ）『**栄花物語**』「うたがひ」の巻に『三宝絵』下巻に見える仏会・縁起等の影響がある。（ⅳ）『**今昔物語集**』巻十一第一～四・七・十・十一・十三・十六・十七・十九・二十一・二十六・二十七・二十九・三十一、巻十二第三～六・八～十、巻十四第二十八・三十八、巻二十第十九、の二六話が確実に『三宝絵』を典拠とする。（ｖ）『**扶桑略記**』巻四・孝徳天皇白雉四年、巻五天武天皇白鳳九年、巻五文武天皇大宝元年、巻六聖武天皇神亀四年、抜萃孝謙天皇天平勝宝元年の五箇所に見える「爲憲記云」は源為憲の『三宝絵』からの引用である。（ⅵ）『**宝物集**』（岩波新日本古典文学大系本）四五話には『三宝絵』に依拠した記事や説話がある。（ⅶ）『**私聚百因縁集**』巻二ノ4・6、巻七ノ2・3・6・7、巻八ノ1、巻九ノ12・13・14は『三宝絵』からの語句・一部の利用、中核的出典である。この他、歌学書『**和歌童蒙抄**』（藤原範兼撰）第三地儀部「山」の項、『**袖中抄**』（僧顕昭撰）第三「かつまたの池」、第六「みにいたつき」・「くめぢの橋」にも『三宝絵』の引用が認められる。更に建保二年（一二一四）六月の奥書のある高野山本系『日本霊異記』、文明年間になった『**太子伝玉林抄**』にも『三宝絵』が引用されており、法隆寺蔵英尊本巻第二冊三三丁裏には「源爲憲卿三寳繪詞」、東大寺図書館架蔵本巻第一七の冒頭（尊英本第一五冊一丁表第一行の前に当る）には「三寳繪物語（爲憲作）」とある（訓海撰・法隆寺編［飯田瑞穂解説］『法隆寺蔵尊英本太子傳玉林抄』吉川弘文館　一九七八年）。

この他、文献史料に見える『三宝絵』の伝来に関しては、例えば、三条西実隆の日記『実隆公記』明応七年（一五〇〇）の七月二十三日条に「爲敎國卿（滋野井）番代、晝間祗候、於議定所御言談、三寳繪物語、（源爲憲作）上（御土御門天皇）讀申、及曉退出」とあり、実隆が「三寳繪物語」を後土御門天皇に読み上げたことが知られるとともに、同八月三日条には「早朝退出、夜前三寳繪（源爲憲作）、上（後土御門天皇）被加修補朽損之所々、可書入之由被仰下、仍所々書入之進上退出了」と見え、その本の朽損を修補し、欠損部分を補写して後土御門天皇に進上したことが知られる（山田一九五一年）。この他は安田尚道氏の研究に詳しい（安田一九八〇c）。このように応仁・文明の乱以降、天皇のもとにも『三宝絵』が存在したが、西尾市岩瀬文庫蔵柳原家旧蔵本『官本目録』（四〇函へ一三〇号）の15「黒御擔子第一」の五六丁裏に27「三寳繪詞　三々［冊］」（田島公「西尾市岩瀬文庫所蔵『官本目録』」『禁裏・宮家・公家文庫収蔵古典籍のデジタル化による目録学的研究』［科学研究費補助金（基盤研究（A））研究成果報告書）］　研究代表者田島公　二〇〇六年）、大東急記念文庫蔵菊亭家旧蔵本『禁裡御蔵書目録』18「黒御擔子　第一」に「三寳繪詞　三□」（「禁裡御蔵書目録」『大東急記念文庫善本叢刊　第十一巻書目集』汲古書院　一九七七年）、京都御所東山御文庫蔵禁裏本『古官庫歌書目録』（勅封五九―一―四）21「黒御擔子　第一」に「三寳繪詞三々《〔冊〕》」、とそれぞれ見える（安田一九八〇c）。これら三種類の蔵書目録は万治四年（一六六一）正月に焼失以前の禁裏文庫の蔵書目録であるので（福田秀一「大東急記念文庫蔵『禁裡御蔵書目録』について」『かがみ』六号　一九六一年、田島公「近世禁裏文庫の変遷と蔵書目録」『禁裏・公家文庫研究』一輯　思文閣出版　二〇〇三年。三種類蔵書目録の関係に関しては田島公「『禁裡御蔵書目録』の影印本と原本―『大東急記念文庫善本叢刊　書目集』を例に―」『汲古』四八号　二〇〇五年参照）、三条西実隆が後土御門天皇に進上した『三宝絵』がその後、近世前期まで禁裏文庫に伝えられていた可能性が高い。なお、その後の禁裏文庫の蔵書目録には『三宝絵』の所蔵が窺えないことから、万治四年正月の火災で焼失したようである。

　ところで、この他、寺院の蔵書目録にも『三宝絵』の収蔵記事が見える。まず、鶴見大学図書館所蔵『五合書籍目録』はⅠ「法花疏」（九部）・Ⅱ「顕章疏」（一二部）・Ⅲ「倶舎」（六部）・Ⅳ「伝記仏法」（二一部）・Ⅴ「講式」（一三部）の合計五合六一部を記した平安末期書写の書籍目録であるが、そのⅣ「伝記仏法」の一五番目には「三寶繪一部三巻、上・中・下、」と見える（牧野和夫「「因縁」などをめぐる諸相」『春秋』三三九号　一九九一年、『古典籍と古筆切　鶴見大学蔵貴重書展解説図録』　鶴見大学　一九九四年、田島公「中世蔵書目録管見」『禁裏・宮家・公家文庫収蔵古典籍のデジタル化による目録学的研究』［科学研究費補助金（基盤研究（A））研究成果報告書］　研究代表者田島公　二〇〇六年）。また高山寺所蔵で建長年間（一二四九～一二五六）頃書写の『高山寺聖教目録』（重文第一部二四四号）第八十九乙に「三寶繪二巻」とある（安田一九八〇c）。

　以上のように、近世前期以前においては『三宝絵』は各所に蔵され、読まれていたようであるが、近世中期以降は、近代になっても中川忠順氏（中川一九〇九）によって紹介されるまで、以下に述べる前田綱紀の蒐書事業を除いては、ほとんど忘れ去られていたようである。

二　尊経閣文庫所蔵本の書誌

　本書前田育徳会尊経閣本『三宝絵』の書誌に関しては、既に昭和十年（一九三五）度配本の複製尊経閣叢刊に添えられた池田亀鑑氏の解説に詳しい（池田一九三五）。本解説でもそれを上回るものは殆ど無いが、池田氏の解説を再確認しながら、その後の研究によって判明したことを以下、若干加えることとする。なお、前田家本の翻刻としては、高橋貞一氏（高橋一九七一）及び高橋伸幸氏（高橋一九八〇）によるものがある。

i　箱および包紙

　前田家本『三宝絵』三冊は、桐箱（縦三七・二cm、横二七・五cm）に収められている。包紙の上書には以下のように墨書されている（参考図版参照）。

また、蓋の表には「三寶繪　三冊」と、裏には「影寛喜鈔本、是為真字本、／聞真字本、現存者此一部／耳、／大正四年八月、」（／は改行を示す）とそれぞれ墨書されている（参考図版参照）。

（別筆）
「准貴重、
　是書原本今不知其
　所在、故今以此為孤本、」

三寶繪　影鈔本　　三冊
　原本係寛喜二年沙門叡賢書寫

ii　様態

次に各冊について順次述べる。

①**上巻**　法量は縦二三・三cm、横一三・九cm。鮮やかな朱色の表紙に白糸で綴じられた冊子本（後述するように非常に丁寧な近世の透写本）である。表紙の左端に貼られた白色の題簽（縦二一・三cm、横四・五cm。題簽の上から二・〇cmのところに金色の界線あり）に「三寶繪 上」と墨書されている。表紙に続く内題には、右下に「信教房之本」と、更に中央のやや上の方から「三寶繪上巻」と、それぞれ墨書されている。本冊は、この内題一丁の他、墨付き二一丁である。本文は半丁一一行、一行約二〇字から二五字。上巻には中・下巻に比べ、送り仮名（片仮名）を中心とした訓点が多い。

一丁表一行目には、「三寶繪并序」と見え、以下総序が記されている。三丁表一行目には「三寶繪上巻　　佛寶　　源為憲撰」と記されている。二一丁表の八行目の天の部分には、参考図版に示したように、冊子本の内側に糊付けし（糊付け部分は縦〇・七cm、横二・〇cm）、表に折り返し、「其父母者今浄飯王以下脱假字本」と墨書された附箋（縦一一・七cm、横二・一cm）が一片存在する。これは、尊経閣本上巻二一丁表八行目が

者佛告阿難言昔睒者我身是也其父母者今浄飯王今摩

とあるが（傍線部は田島）、東博本〔観智院本〕の上巻は最後の一丁がなく、「我身是也」で終わっており、傍線部の「其父母者今浄飯王今摩」以下が尊経閣本にのみ存在することを示す注記と思われる。そして、二一丁裏には、本文二行に続き、一行空けて四行目に「三寶繪上巻」と書かれた後、以下のような本奥書が見える。

寛喜二年（一二三〇）〔庚寅〕三月十九日酉剋、於醍醐山西谷書写了、
　　求法沙門叡賢、生年七十七、
一交了、

②**中巻**　法量は縦二三・三cm、横一三・八cmである。綴糸や形態、表紙などは上巻にほぼ同じであるが、題簽には「三寶繪 中」と墨書されている。表紙に続く内題には、上巻同様に右下に「信教房之本」と、また中央やや上の方から「三寶繪中巻」と、それぞれ墨書されている。本冊は墨付き一七丁。行数・字詰めは上巻と同様一一行・約二二字である。中巻は上巻に比べて仮名は地名を中心に極めて限定的にしか振られていない。更に本冊の特徴は二丁裏一～四行目、三丁表八～一一行目、三丁裏一～四行目の上方と中頃の一部の

虫損の状況を忠実に透写しており、親本の虫損状況が分かるとともに、親本も袋綴じの冊子本であったことが推定される。なお、五丁裏一一行目（最終行の中程）の「廣■足」部分の墨で塗りつぶして消した文字は「況」である。そして、一七丁裏に以下のような本奥書が見える。

寛喜二年广〔庚〕宀〔寅〕三月廿四日、書写了、
　求法沙門叡賢、生年七十七、
一交了、

③**下巻**　法量は縦三三・四cm、横二三・九cmである。綴糸や表紙などの形態は上巻・中巻とほぼ同じであるが、題簽には「三寶繪下」と墨書されている。内題は上巻・中巻と同様に右下に「信教房之本」とあるが、上巻・中巻とは異なり、左端の上方に「三寶繪下」と見える。内題を除き、墨付き三〇丁。二九丁裏に以下の本奥書がある。

寛喜二年庚寅四月九日未剋、於醍醐山西谷書写了、
　欣求菩提沙門叡賢、生年七十七、
一交了、

更に三〇丁表に以下の識語が見える。

右三寶繪三巻者、釋迦院（醍醐寺）前大
僧正有雅所蔵也、乙未（正徳五年）之夏、借
其舊本而覆摹之、遂加再校、以
収書庫云、
正徳五年（一七一五）六月中澣（中旬）
養民堂主人（前田綱紀）識

以上から、本書前田尊経閣本は、醍醐寺釈迦院前大僧正有雅の所蔵本であり、寛喜二年（一二三〇）、醍醐山西谷にて当時七十七歳であった僧叡賢が、三月十九日に上巻を、三月二十四日に中巻を、四月九日に下巻を、それぞれ書写したという識語のある写本を、正徳五年（一七一五）の夏に前田綱紀が借用し、「覆摹」して「再校」を加え、六月中旬に自らの書庫に収めたものであることが分かる。池田亀鑑氏の解説によれば、大僧正有雅は、東密三六流中、松橋流第二一世の正統で、延宝六年（一六七八）八月に東寺一八二代の長者法務に補せられ、貞享元年（一六八四）四月まで六年間、その任にあった人物であり（『真言宗系譜』・『真言宗東寺長者次第』）、釈迦院は、大島武好著『山城名勝志』巻一七に「釋迦院、在西谷、號水本、今云報恩院、」と見える醍醐寺（上醍醐）の塔中であるが、今は西谷には存在していないという。また『山城名勝志』（正徳元年［一七一一］刊）にいう西谷（醍醐山の山上開山堂正面直下の谷すじ一帯で、炭山村に至るところ［馬淵一九八六］）にあった「釋迦院」と下醍醐にあった「報恩院」との関係に関しては、院名は異にするものの、両院は特別密接な関係にあり、山上と山下で同じ院という関係にあったと推定されており、明治五年（一八七二）に西谷釈迦院の廃止にともない、江戸中期までそこにあった写本が山下の報恩院に移り、その後更に報恩院から三宝院に移されたと考えられるという（池田一九三五・馬淵一九八六）。更に

池田氏は、『醍醐寺什寶品目』第一輯之下（玉園快應編『醍醐寺什寶品目』第一輯上・下　醍醐寺保存会本部　一八九六年）の「書畫」の「冊子」に見える

三寳繪　　壹冊
奥書云、源爲憲撰　寛喜二年寫、叡賢、裏具注暦、

という記述を指摘し、一九世紀末の醍醐寺には寛喜二年叡賢書写の奥書をもった『三宝絵』が一冊のみ存在していたものの、一九三五年当時には一冊も見あたらなかったことを記している（以上、池田一九三五）。また、山田孝雄氏は、一九一〇年に残された叡賢書写の『三宝絵』一冊を見るため醍醐寺を訪れたところ、それも行方不明になっていたこと、その後、田中勘兵衛（教忠）氏に尋ねたところ、その本か分からないものの、『三宝絵』の写本を持っているが、容易に取り出せないため見ることが出来なかったことを記している（山田一九五一）。その後、醍醐寺の聖教調査が毎年行われるようになったものの、寛喜二年叡賢書写の奥書をもった『三宝絵』は見つかっていない（馬淵一九八六他）。

以上、約七〇年前に執筆された池田亀鑑氏の解説の内容に沿って述べてきたが、寛喜二年の本奥書に見える叡賢と正徳五年の前田綱紀の識語に見える有雅に関する史料は僅かであるが判明し確認された部分もあるので、以下、補足させていただく。

まず、池田氏が伝不明とされた叡賢に関しては、築島裕氏によって紹介された醍醐寺所蔵『傳法灌頂師資相承血脈』一巻の二四丁表に見える以下の蔵有の弟子の記述にその名が見える（築島裕解説・翻字「醍醐寺蔵本「傳法灌頂師資相承血脈」」（『醍醐寺文化財研究所』研究紀要』一号　一九七八年、馬淵一九八六も参照）。

宗嚴、、
藏有┬寛秀
　　│（この間、六人略す）
　　├**叡賢**─貞遍　律師
　　（以下、八人略す）

そして、叡賢の師である蔵有に関しては、同じく二四丁表に

権大僧都宗嚴┬藏有─三川僧都　法橋法眼少僧都　法琳─別─　号水本
　　　　　　│　　「建久─十二─六─理──　五十　師四十七　十口〔庭〕」
　　　　　　（以下、九人略す）

と見えることから、建久二年十二月六日に理性院にて灌頂を受けたことが知られる（馬淵一九八六）。また、『本朝高僧伝』巻第五十九和州西大寺沙門睿尊伝には「十一、師事醍醐睿賢大徳」とあり、更に叡尊の自伝『（金剛佛子叡尊）感身学正記』上の建暦元年（一二一一）辛未条によれば、「十一歳、（中略）七月十日、養母已命過、自元無養父、亦無舎兄、俄移住養母之妹弥座一御子之家、彼夫号山城介為任《タメタウ》。醍醐山有伊賀阿闍梨叡賢、為任之養君、故令住彼住坊、摘花焼香、供養諸尊、為日々勤」と見え、建保五年（一二一七）丁丑条に「十七歳、（中略）十二月中旬、以圓明房為和尚、剃髪染衣、成沙門形、修學眞言」とあるように（奈良文化財研究所編『西大寺叡尊傳記集成』〔奈良国立文化財研究所史料第二冊〕一九五六年　大谷出版社）、叡

賢は、西大寺にあって真言律宗中興と仰がれた興正菩薩叡尊（建仁元年［一二〇一］～正応三年［一二九〇］八月二五日）の師としても知られる。しかし、その他、叡賢の詳しい伝記は依然として不詳である。

次に醍醐寺から『三宝絵』を借用・書写した件に関しては、本書下巻の識語の他に、前田綱紀の『桑華書志』・『書札類稿』（共に前田尊経閣文庫所蔵）に関連する記載が見え、その経緯が更に判明する。

まず『桑華書志』五十「求遺書 癸巳之三」には、

表帋ノ上右傍ニ信教房之本ト注、何等［寺ヵ］之僧也乎、
三寶繪、上中下、三巻、為三冊子、源為憲撰、
右、絶代之珍篇也、正徳乙未（五年）三月
二十四日、水島氏持参、醍醐釈迦
院之蔵書也、（永観ノ比ノ書、寛喜年中之写書、反故ノウラニ白ケイニテ書之、無紛旧本也、）乙未（正徳五年）六月十三日、再校了、
北野聖廟一切經勧進帳一巻
芳野先皇一周忌表白一冊
鹿苑・普廣兩殿下着陳［陣］并大饗記一巻
永徳・永享大饗記一冊
右、是亦釈迦院所蔵、水嶋持之内也、
件之五部、翌（三月）廿五日、書写奉行江
渡之、透写ニ申付之、後三年記ゟ
種々又下之、四部者、三寶繪ゟ
又種々可心得旨、以自筆之覚書
申出之畢、

と見え、「水島（水嶋）氏」が、「北野聖廟一切經勧進帳」一巻・「芳野先皇一周忌表白」一冊・「鹿苑・普廣兩殿下着陳［陣］并大饗記」一巻・「永徳・永享大饗記」一冊とともに醍醐寺釈迦院より借用し、正徳五年三月二十四日に前田綱紀のもとに持参し、翌二十五日に書写奉行に預け、透写させ、六月十三日に再校が終わったことが知られる。近藤磐雄氏によれば、「水島（水嶋）氏」とは水島右近のことであり、名を苗雅といい、前田綱紀が招いた和漢の碩学の一人である。もとは権大納言庭田重條卿に仕えた学者で、皇典朝儀に精熟していたが、享保三年十二月二十日、当時従一位前権大納言重條（六十九歳）が出家したこともあり（『公卿補任』中御門天皇　享保三年条）、翌享保四年からは金沢に赴き、綱紀に仕えた人物である（近藤磐雄編『加賀松雲公』中巻　羽野知顕　一九〇九年）。更に、「寛喜年中之写書、反古ノウラニ白ケイニテ書之」という記載は、『醍醐寺什寶品目』の叡賢書写本が紙背に具注暦が記されているとともに関連する（玉園快應編『醍醐寺什寶品目』第一輯上・下　醍醐寺保存会本部　一八九六年）。

このような『桑華書志』の記述に関連する記述が、この他、前田綱紀の『書札類稿』内篇　廿　釈迦院に見える（同書には「午」年［正徳四年・一七一四］から「丑」年［享保六年・一七二一］の記事が収載されている）。同書の四八丁裏から五五丁表にかけて、「三宝絵」に関する記述が見える。すなわち、「未」年（正徳五年）の①三月四日付け「市川右門」から「水嶋右近殿」宛の書状、②五月九日付けの「加賀宰相」（前田綱紀）から「釈迦院前大僧正御房」（有雅）宛の

書状、③五月九日付けの「覚」、④五月付けの「加賀宰相」から「釈迦院前大僧正御房」宛の「覚」、⑤六月十六日付けの「加賀宰相」から「釈迦院前大僧正御房」宛の書状である。

まず、①によれば、

覚

一吉野先皇(後醍醐天皇)御追善表白　一通
一鹿苑院殿(源〔足利〕義満)大臣大饗記　一冊
一同大臣大饗記　兼治(小槻)宿祢注進、
一室町殿御亭大饗指圖　一通
一官位唐名　一冊
右之分、被掛御目候、經朝心底抄・小野氏系圖・宇治宝蔵目録、書物箱共、被致吟味候得共、不被見當候、現出次第、進而可被入御覧候、
一天神講式　一巻
一崇福寺願文等　一巻
一北野一切經勧進帳　一巻
一源為憲三宝繪　三冊
右四色者、不被仰遣候得共、古記ニ而候間、被掛御目候、
以上、
三月「未」(朱)四日　市川右門
水嶋右近殿

とあり、釈迦院所蔵本に関して調査をした市川右門から水嶋右近のもとに九部の写本に関する報告が入り、仰せ遣ってはいないが、「古記」であるので、綱紀のお目に掛けたいとするものの中に「源為憲三寳繪」三冊が見える。その後、②に「三寳繪并崇福寺願文者、先令抑留候」とあるように、前田綱紀のもとにもたらされることとなった。更に、③によれば、

覚

一吉野先皇御追善表白　一通
一鹿苑院殿大臣大饗記　一冊
一同大臣大饗記兼治宿祢注進、　一巻
一室町殿御亭大饗指圖　一通
一官位唐名　一冊
一北野一切經勧進帳　一巻
右、遂書写候条、被返進之候、經朝心底抄・小野氏系圖・宇治宝蔵目録者、御見當不被成候間、追而可被遣之由、得其意、辱存候、無御檢置・御捜索所仰候、
一天神講式　一巻
右講式者、所持之本、同筆之様ニ存候間、先被返納候、
一崇福寺願文等　一巻
一源為憲三寳繪　三冊
右兩部之内、願文者(崇福寺)、(中略)三寳繪者、
書写申付候得共、古書ニ而文字難見分所有之、

再校未了候条、兩部共ニ姑被抑留候、以上、

「未」(朱)
五月九日

と見え、詳しい様子が知られる。即ち、五月九日段階で、借用した七部の史料は書写が終わったため返却したが（天神講式は綱紀が所持している本と同筆であることが判明したために書写せずに返納となったらしい）、「源為憲三寶繪」三冊は書写を申しつけたものが、「古書」で文字が見分けがたいため、再校が終わっていないので、「崇福寺願文等」一巻と共に暫くは「抑留」する旨が記されている。更にこの内容を簡略にまとめ、返却した「吉野先皇御追善表白」など七部を箱に入れて返却した際の「覚」である④によれば、

覚

一吉野先皇御追善表白　一通
一鹿苑院殿大臣大饗記　一冊
一同大臣大饗記兼治宿祢注進、　一巻
一室町殿御亭大饗指圖　一通
一官位唐名　一冊
一天神講式　一巻
一北野一切經勧進帳　一巻
右、此度被返進候、委細者目録相認、箱之内江入置之候、
一崇福寺願文等　一巻
一源為憲三寶繪　三冊
右二部者、當分留置申候、是亦子細目録相調之候、以上、

「未」(朱)
五月

御書物ハあなたの箱へ御入、箱之上ニハ如此之御宛所・御官名

釋迦院前大僧正御房　加賀宰相

と見える。そして、最後の「崇福寺願文等」と「源為憲三寶繪」の二部を返却した際の手紙である⑤によれば、「将又三寶繪三冊・崇福寺等願文一巻、遂書寫候条、此度被返進候」とあり、借用への感謝の気持ちとともに、留め置いていた「三寶繪三冊」等を返却することを記している。『桑華書志』によれば、再校が終わったのが六月十三日であり、十六日に釈迦院に返納された。

以上のように、『桑華書志』『書札類稿』に書き留められた記事により、正徳五年の釈迦院前大僧正有雅所蔵本『三宝絵』の借用、書写・校正の経緯がある程度判明した。従って「有雅について「前大僧正」とあるのは、その時すでに有雅は存生していなかったことを示すものである」という理解（馬淵一九八六）は正徳五年五月九日及び六月十六日付けの加賀宰相前田綱紀から釈迦院前大僧正御房宛の書状などにより正しいとは言えない。醍醐寺所蔵の寛永十三年（一六三六）八月十二日付成光院公清の本奥書のある貞慶の『舎利講式』二巻（第二一一函一九）のうち二巻目には、享保八年（一七二三）六月二十五日付の「前法務前大僧正有雅、九十一歳書」の識語がある（『醍醐寺文書記録聖教目録』二二）。従って、正徳五年六月に有雅は八三歳であった。

以上、これまでの研究を紹介しながら、尊経閣本について解説し

た。醍醐寺本が所在不明である現時点では、その忠実な透写本である本書は、漢字仮名交じり本や草仮名本などの仮名表記部分では不明な点を明らかに出来る利点がある。近世前期以前においては各所に収蔵され、読まれていた『三宝絵』が、近世中期から近代になるまで忘れ去られてしまった中で、一八世紀前半段階において醍醐寺釈迦院所蔵本を透写させた前田綱紀の古典籍に対する見識及びその蒐書事業の功績は忘れてはならない。

本解説では、尊経閣本の本文の文体や表記と他の写本との比較等に関して、及びそれに基づく諸本研究に関しては宮澤俊雅氏による解説があるので、殆ど言及していない。詳しくは宮澤氏の解説をお読みいただきたい。

解説の執筆に当たっては、尊経閣文庫の橋本義彦先生・菊池紳一先生より種々ご教示を得た。末筆ながら、記して感謝申し上げる。

本稿は二〇〇七年度科学研究費補助金（学術創成研究費）研究課題「目録学の構築と古典学の再生―天皇家・公家文庫の実態復原と伝統的知識体系の解明―」（課題番号一九GS〇一〇二：研究代表者 田島公）の成果の一部である。

【主要参考文献】

『三宝絵』を主題とする論著・論文は枚挙にいとまないが、先ず、翻刻・影印・注釈書を掲げたあと、索引及び本稿に関わる主要書籍・主要論文・解説・解題を掲げる。

翻刻・影印・注釈書

池田亀鑑解説『三宝絵　三巻』〔尊経閣叢刊　昭和十年度配本〕　育徳財団　一九三五年

出雲路修校注『三宝絵』平安時代仏教説話集〔平凡社・東洋文庫五一三〕　一九九〇年

江口孝夫校注『三宝絵詞』上・下〔古典文庫六四・六五〕　現代思潮社　一九八二年

大曽根章介解説『三宝絵詞・明恵上人伝』〔日本古典文学影印叢刊一七〕　貴重本刊行会　一九八四年

春日和男「三宝絵詞東大寺切の研究―関戸家冊子の本文と用字―」（『四十周年記念論文集　九州大学文学部』九州大学文学部　一九六六年、のち『説話の語文　古代説話文の研究』桜楓社　一九七五年）

春日和男「関戸本三宝絵詞東大寺切の本文について―「説話の語文」補正―」（『九州大学文学部文学研究』七四輯　一九七七年）

神崎充晴解説『平安　唐紙拾遺抄切：平安　東大寺切三宝絵詞：平安　民部切古今集』〔日本名跡叢刊九一〕　二玄社　一九八五年

小泉弘解題『三宝絵詞』〔勉誠社文庫一二八・一二九〕　勉誠社　一九八五年

小林芳規「高山寺蔵『三宝絵』詞章遺文」（鎌倉時代語研究会編『鎌倉時代語研究』一輯　武蔵野書院　一九七八年、のち一九九一年復刻）

小松茂美「伝源俊頼筆　東大寺切本三宝絵」（『古筆学大成』第二五巻　漢籍・仏書・其の外　講談社　一九九三年a）

小松茂美「三宝絵　伝源俊頼筆　東大寺切本三宝絵」（『古筆学大成』第二八巻　釈文三　講談社　一九九三年b）
高橋貞一『三宝絵の研究』仏教大学通信教育部　一九七一年
髙橋伸幸「諸本対照三宝絵集成―本文篇―」（小泉弘・髙橋伸幸『諸本対照三宝絵集成』　笠間書院　一九八〇年）
名古屋市博物館編『名古屋市博物館蔵　三宝絵』〈写真版〉・〈解説・翻刻版〉名古屋市博物館　一九八九年
橋川正『上宮太子御記の研究』丁字屋書院　一九二一年
仏書刊行会編「三宝絵詞」（『伝記叢書』〔大日本仏教全書第一一一冊〕大日本仏教全書発行所　一九二二年）
馬淵和夫・小泉弘・今野達校注『三宝絵・注好選』〔新日本古典文学大系三一〕岩波書店　一九九七年（『三宝絵』の校注は馬淵和夫・小泉弘両氏による）
宮田裕行「内閣文庫蔵本『結摩会』について―付・翻刻」（『文学論藻』五三号　一九七八年）
安田尚道「高山寺蔵本『盂蘭盆供加自恣』（三宝絵抜書）　一帖」（高山寺典籍文書綜合調査団編『高山寺典籍文書の研究（高山寺資料叢書　別巻）』東京大学出版会　一九八〇年a）
安田尚道「『三宝絵詞』東大寺切とその本文」（一）〜（四）（『青山語文』一一号・一二号・一六号・二五号　一九八一年・一九八二年・一九八六年・一九九五年）
山田孝雄解説『三宝絵詞　東寺観智院本』上・中・下　古典保存会　一九三九年・一九四〇年・一九四一年
山田孝雄『三宝絵略注』宝文館　一九五一年
山田孝雄「〔翻刻〕三宝絵詞東大寺切断簡」（『国語国文』二二巻一二号　一九五三年）
山田孝雄「〔翻刻〕三宝絵詞東大寺切断簡（二十二巻十二号所載）補遺」（『国語国文』二三巻二号　一九五四年）
吉田幸一・宮田裕行校『三宝絵詞「東寺観智院本」』〔古典文庫二一五冊〕古典文庫　一九六五年

索引

中央大学国語研究会編・馬淵和夫監修『三宝絵詞自立語索引』〔笠間索引叢刊八七〕笠間書院　一九八五年
中央大学国語研究会編・馬淵和夫監修『三宝絵詞付属語索引　付妙達和尚蘇生注記総索引』〔笠間索引叢刊八八〕笠間書院　一九八六年
宮田裕行「前田本　三宝絵　仮名索引稿」（『東洋大学短期大学紀要』八号　一九七七年）

論文・解説・解題

池田亀鑑「前田本三宝絵解説」（『三宝絵　三巻』〔尊経閣叢刊　昭和十年度配本〕育徳財団　一九三五年）
出雲路修「《三宝絵》の編纂」（『説話集の世界』　岩波書店　一九八八年、初出『文学』四三巻三号　一九七五年）
江口孝夫「三宝絵詞を読むにあたって」（『三宝絵詞』上〔古典文庫六四〕現代思潮社　一九八二年）

大曽根章介「源為憲雑感」（馬淵和夫・小泉弘・今野達校注『三宝絵・注好選』〔新日本古典文学大系三一〕　岩波書店　一九九七年、初出『リラ』八号　一九八〇年）

岡田希雄「源為憲伝攷」『国語と国文学』一九巻一号　一九四二年

小泉弘「三宝絵の研究―回顧と展望―」（「一　はじめに」・「二　『三宝絵』の諸本」・「三　『三宝絵』の出典と文章構造」・「四　『三宝絵』の後代文学に対する影響」）（小泉弘・高橋伸幸『諸本対照三宝絵集成』　笠間書院　一九八〇年）

小泉弘「解説」（名古屋市博物館編・刊『名古屋市博物館蔵　三宝絵〈解説・翻刻版〉』一九八九年）

小泉弘「三宝絵」（本田義憲・池上洵一・小峯和明・森正人・阿部泰郎『説話の講座』四巻　説話集の世界Ⅰ―古代―　勉誠社　一九九二年）

小泉弘「『三宝絵』の後代への影響」（馬淵和夫・小泉弘・今野達校注『三宝絵・注好選』〔新日本古典文学大系三一〕　岩波書店　一九九七年）

小松茂美「三宝絵」（『古筆学大成』第二五巻　漢籍・仏書・其の外　講談社　一九九三年c）

外村展子「東寺観智院旧蔵本『三宝絵詞』の筆写者」（『今昔研究年報』八　一九九四年、のち「東寺観智院旧蔵本『三宝絵』の筆写者」馬淵和夫・小泉弘・今野達校注『三宝絵・注好選』〔新日本古典文学大系三一〕　岩波書店　一九九七年）

高橋貞一「三宝絵について」（『三宝絵の研究』仏教大学通信教育部　一九七一年）

高橋伸幸「『三宝絵』（冊子本並びに東大寺切）残存一覧」（名古屋市博物館編・刊『名古屋市博物館蔵　三宝絵〈解説・翻刻版〉』一九八九年）。

中川忠順「源為憲の三宝絵」（『學鐙』第一三年第一号　一九〇九年、のち日本文学研究資料刊行会編『説話文学』〔日本文学研究資料叢書〕　有精堂出版　一九七二年）

速水侑a「源為憲の世界―勧学会文人貴族たちの軌跡―」（速水侑編『奈良・平安仏教の展開』　吉川弘文館　二〇〇六年）

速水侑b「摂関期文人貴族の時代観―『三宝絵』を中心に―」（『平安仏教と末法思想』　吉川弘文館　二〇〇六年）

本田義憲「Sarasapa・芥子・なたねに関する言語史的分析」（『仏教学研究』一八・一九合併号　一九六一年）

馬淵和夫「醍醐寺不見書二種」（『（醍醐寺文化財研究所）研究紀要』八号　一九八六年）

馬淵和夫「『三宝絵詞』の草稿本、東大寺切・関戸本について」（『説話』九　一九九一年、のち『古典の窓』　大修館書店　一九九六年）

馬淵和夫「三宝絵　解説」（馬淵和夫・小泉弘・今野達校注『三宝絵・注好選』〔新日本古典文学大系第三一巻〕　岩波書店　一九九七年）

馬淵和夫氏に聞く「薄幸の美人のために」（『新日本古典文学大系月報』七九〔新日本古典文学大系第六八巻付録〕　岩波書店　一九九七年）

水田紀久「東寺観智院本三宝絵詞の記載形式の成立」（『国語国文』二一巻七号　一九五二年）

森正人「三宝絵の成立と法苑珠林」（『愛知県立大学文学部論集』国文学科

編　二六号　一九七七年）
安田尚道「高山寺蔵本『盂蘭盆供加自恣』（三宝絵抜書）の研究」（高山寺典籍文書綜合調査団編『高山寺典籍文書の研究（高山寺資料叢書　別巻）』東京大学出版会　一九八〇年b）
安田尚道「古文献に引用された『三宝絵詞』」（一）（『青山語文』一〇号　一九八〇年c）
安田尚道「『三宝絵詞』研究文献目録」（『青山語文』一〇号　一九八〇年d）
安田尚道「『三宝絵』の東大寺切を求めて―国文学の資料としての古美術品入札目録―」（『新日本古典文学大系　月報』八〇［新日本古典文学大系第三一巻付録］　岩波書店　一九九七年）
山田俊雄「別刷写真版例言」［「三宝絵東大寺切」・「三宝絵前田家本」・「三宝絵東寺観智院本」］（亀井孝・大藤時彦・山田俊雄編『日本語の歴史　別巻　言語史研究入門』　平凡社　一九六六年）
山田孝雄「東寺観智院蔵　三宝絵詞　解説」（『三宝絵詞』下　古典保存会　一九四一年）
山田孝雄「三宝絵詞の研究」（『三宝絵略注』宝文館　一九五一年、初出『国語国文』一八巻五号　一九四九年）
山本祐子・神谷浩「『三宝絵』（保安元年書写本）の書誌と用字書体について」（『名古屋市立博物館研究紀要』一〇　一九八七年）
山本祐子「書誌解説」（名古屋市博物館編・刊『名古屋市博物館蔵　三宝絵〈解説・翻刻版〉』一九八九年）

［補　注］

本稿脱稿後、宮田裕行「『三宝絵詞』断簡二・三について」（『文学論藻』七七号　二〇〇三年）に接し、「東大寺切」に関して、その後、新たに東洋大学図書館蔵本一軸、久曽神昇編『物語古筆断簡集成』（汲古書院　二〇〇二年）第八〇図（乙）一軸（『同』第七九図（甲）は贋作）が紹介されていることを知った。従って、馬淵氏の解説（馬淵一九九七）に加えると、現在までに、「東大寺切」は一七六葉確認されていることになる。

三宝絵諸本研究と尊経閣文庫所蔵『三宝絵』

宮澤俊雅

一

本書前田家尊経閣本『三宝絵』は真名体の完存本であり、漢字片仮名交じり乃至片仮名宣命体のほぼ完存する東寺観智院旧蔵東京国立博物館本、そして草仮名体で全体の1／3余を存する関戸家旧蔵名古屋市博物館本並びに東大寺切、の二本と共に、『三宝絵』の本文遡源研究の上で重要な位置にある代表伝本である。この三本の関係については小泉弘（一九八〇）に「前田家本と関戸家本とは、表記体の著しい違いにもかかわらず、非常に近い関係にあることは多くの先人の指摘しているとおりである。」、馬渕和夫（一九九一）に「前田本については…（中略）…漢字ばかりで書いてあるというその外見と相違して、本文はかえって「東大寺切・関戸本」に近いのである」等とあるが、しかし実際に、三本の本文を、東大寺切の存する範囲内で全体にわたって比較してみると、むしろ東大寺切と観智院本の本文が近似し、尊経閣本が他の本と異なる本文形態を示すことの方が遥かに多いのである。

もっとも、特定の範囲内（中巻の第一話から第八話まで）に限定すれば尊経閣本が観智院本よりは東大寺切に近いと見ることはできる。その点を試みに中巻第五話（衣縫伴造義通）を例に確認しておく（詳しくは宮澤〔一九九七〕参照）。

『三宝絵』三本の本文の比較は、それぞれに表記形態が異なるため、他の典籍の諸本校合比較とは様相を異にする。例えば次のような本文対立は単純な異文対立として処理できないものである（以下、本文を尊経閣本、観智院本、東大寺切の順に挙げる）。

非此世　コノヨノ事ニハアラシト　このよの事にはあらすと
長生　ナカイキシテ　なかくいきて
早死　ハヤクシナムニハ　とくしなむには
唯　タヽ　たゝし

これらの例は、観智院本と東大寺切とで比較する限りでは異文であるが、尊経閣本と観智院本、あるいは尊経閣本と東大寺切とで比較した場合には、いずれも異文とはしがたいものである。この種の異文がいかに多くとも、それを以て観智院本と東大寺切の間に本文異同が多いと結論づけることはできないのである。次の例も同様である。

治天下　雨ノシタヲサメ給シ　あめのしたをさめ給
是　是ハ　これ
人　人　人の

表1

	尊経閣本	観智院本	東大寺切
1	**（ナシ）**	△**昔**	（ナシ）
2	△**（ナシ）**	帝ノ	みかとの
3	衣縫	△衣**継**	衣縫
4	△伴**臣**	伴造	伴造
5	△義**道**	義通ト	義通と
6	△**（ナシ）**	アリキ	あり
7	受	ウケテ	△**え**て
8	△**（ナシ）**	身ニ	身に
9	普	△**イテ、**	あまねし
10	△不**差**	イエス	いえす
11	（ナシ）	△**コ、ニ**	（ナシ）
12	罪之	△**ムクヒニヨリテ**	つみの
13	所招也	△所招**病**也	まねくところなり
14	（ナシ）	△**思テ**	（ナシ）
15	△**所為自**	（ナシ）	（ナシ）
16	△被**厭**人者	人ニ、クマレムヨリハ	人に、くまれむよりは
17	△**行**	ツクリテ	つくりて
18	△**（ナシ）**	思テ	思て
19	（ナシ）	△**寺ニマウテ、**	（ナシ）
20	拂	ハラヒ	△**はき**
21	義禅師	義禅師ヲ	△**天**義禅師を
22	（ナシ）	△**経ヲヨマセテイノリテ**	（ナシ）
23	浴	△**ノ**ミ	あみて
24	方廣経	△方**等**経ヲ	方廣経を
25	●**義**禅師	▼**義通**禅師ニ	◆せしに
26	△名	**御**名	**御**な
27	導思	△**引導シ給ヘト**	みちひかむとおもへと
28	禅師	△（ナシ）	せし
29	礼此片耳快聞義通大	此経ノ佛菩薩ノ御名ヲ、カミタテマツレハ片耳心ヨクキコユル義通大ニ	△**（ナシ）**
30	●又	▼マス、、	◆（ナシ）
31	△**（ナシ）**	カサネテ	かさねて
32	聞者	聞者	△**（ナシ）**
33	莫不驚恠	△ヲトロキ**タウトカルコトカキリ**ナシ	おとろきあやしますといふことなし
34	心信	△**信心**	こ、ろまことに
35	知不虚事	△ムナシカラ**ス**	むなしからぬ事をしりぬ

力	力	ちからも
礼	ヲカミタテマツルニ	をかむに

尊経閣本も「奉」「給」などの字で待遇表現を示すことがあるが、ここでは「礼奉」となっていないから尊経閣本と東大寺切が同文だとも言い切れない。

信心	ツヽシミノ心ヲ	信心を
遠近	遠近	とをきもちかきも
法力	法力	のりのちからも

「信心」は、観智院本は訓読みの「つつしみのこころ」、東大寺切は音読「シンジム」であるが、尊経閣本はどちらとも遽に決定できない。「遠近」「法力」は尊経閣本と観智院本の字面が完全に一致しているが、観智院本はその書記の在り方から見て「をちこち、ヲンゴン」「ホフリキ」であって、ここでは尊経閣本と東大寺切を同文と見る方が正しいかもしれない。このように見方によっては異文とならないものを除外し、確実に異文と認め得るものをのみ挙げれば**表1**の如くである。

中巻第五話で三本相互の異文は三五例、うち二例が鼎立異文（●▼◆印）。従って各本の独自異文（△印）とその百分比は

前田家尊経閣本の独自異文	一二	三七％
観智院本の独自異文	一六	四八％
東大寺切の独自異文	五	一五％

この部分での三本の親疎関係は、或る一点から三方向に分岐する関係で、分岐点から各本までの距離の比が　尊経閣本・一二　対　観智院本・一六　対　東大寺切・五　となっていることを示している。尊経閣本〜東大寺切の距離は一七であり、観智院本〜東大寺切間の二一、尊経閣本〜観智院本間の二八、に比べて最も短いので、尊経閣本と東大寺切が近い関係にあると言えるのである。

二

同様にして中巻第十二話（大和国山村郷女）についても三本の本文を比較してその親疎関係を見て行く。三本間で、相互にいずれかの形で異文と見ることの出来るものは**表2**の通りである。

△印がそれぞれの独自異文で、尊経閣本が一八例、観智院本が九例、東大寺切が四例、鼎立異文は二例（●▼◆印）であり、残余の二一例は尊経閣本の真名表記のため、いずれかの本の独自異文と認定できないものである。三本相互の異文は三三例、うち鼎立異文二例、各本の独自異文と百分比は

尊経閣本の独自異文	一八例	五八％
観智院本の独自異文	八例	二六％
東大寺切の独自異文	五例	一六％

である。尊経閣本の独自異文の多さは顕著であり、三本の間では観智院本と東大寺切が近い関係にあることは明らかである。相互の距離は、尊経閣本〜観智院本間・二六、尊経閣本〜東大寺切間・二三、

表2

	尊経閣本	観智院本	東大寺切
1	**添**上郡	△**城**上郡アリ	**そ**ふのかみのこほり
2	△名	**姓**名	**姓**名
3	此**女**有女子	此**女**ムスメアリ	△このむすめあり
4	△**一**子	**二人**ノ子	**ふたり**のこ
5	｜一子	二人ノ子	ふたりのこ**を**
6	｜聟	聟	むこ**は**
7	**到**	**イタリテ**	△**いりて**
8	△**任**國	**ソ**ノ國ニ	**そのく**に、
9	△**経十**二年	二年**アルニ**	二年**あるに**
10	故郷	△（**ナシ**）	ふるきさとに
11	△為**子**	**娘**ノタメニ	**むすめ**のために
12	｜見	ミ**テ**	み**たり**
13	△夢	**アシキ**夢ヲ	**あしき**ゆめを
14	｜恐歎	ヲソ**レ**ナケク	おそ**り**なけく
15	△誦経セムト**スル**ニ	誦経セムト**ヲモフ**ニ	す行せんと**おもふ**に
16	**行**	△**シツ**	**おこなふ**
17	悪夢重見母心益恐又 脱遺衣洗濯行諷誦	△（**ナシ**）	あしきゆめ又かさね てみゆは、の心ま す、、おつ又きたる ものをぬきてあらひ す行をせしむ
18	（**ナシ**）	——	又
19	**遺**	——	**きたる**
20	**衣**	——	**ものを**
21	洗濯	——	あらひて
22	**行**諷誦	——	す行を**せしむ**
23	△（**ナシ**）	娘	、（む）すめ
24	△**任**國館	國ノ館ニ	くにのたちに
25	｜**家**内	｜**屋**ノ中ニ	｜**や**の内に
26	△**告**母云	母ニイフ	は、にいふやう
28	｜**屋**上	｜**家**ノ上ニ	｜**や**のうへに
29	七僧	七**人**ノ法師	な、の法師
30	●**母**	▼**ハヤク**	◆**とく**
31	●（**ナシ**）	▼**イフニ**	◆**いふにしたかひて**
32	△於屋**内**	屋ノ**上ヲ**	やの**うへを**
33	如…**鳴**	△**ナク**カコトシ	**なる**かことし
34	｜恠	アヤシ**ヒ**テ	あやし**み**て
35	△立	（**ナシ**）	（**ナシ**）
36	出庭之間	△庭ニ出テミレハ	にはにいてぬるに
37	七人法師	七人ノ法師	△**なゝ**の法師
38	｜女子	｜女	｜むすめ
39	**恐**恠	**オチ**アヤシミテ	△あやしひて
40	｜恠	アヤシ**ミ**テ	あやし**ひ**て

	尊経閣本	観智院本	東大寺切
41	△**中心**	**心ノウチ**ニ	**心のうち**に
42	—天地	天地**ノ**	天地
43	无**被**押殺於屋之事	△ヤニヲソヒコロサ**セ**ス	やにおそひころさ**れ**す
44	△**无**被押殺於**屋之事**	ヲソヒコロサセ**ス**	やにおそひころさ**れす**
45	—悦	ヨロコ**フ**	よろこ**ひ**
46	△悪夢**之**様	アシキユメ**ヲミシ**サマヲ	あしきゆめ**をみし**さまを
47	—行諷誦之由	誦経ヲコナヒシヨシヲ	す行**を**おこなひしよしを
48	△（**ナシ**）	ツク	つく
49	△**之**	コノヨシヲ	このよしを
50	敬	△敬**タテマツル**	ゐやまふ
51	△**助**給也	**マホリ**給ヘルナリ	**まもり**たまふなり
52	————	マ**ホ**リ給ヘルナリ	ま**も**りたまふなり
53	—**助**給也	マホリ給**ヘル**ナリ	まもりたま**ふ**なり
54	**見**霊異記也	霊異記**ニミヘタリ**	△霊異記に**あり**

観智院本〜東大寺切間・一三　となる。

三

以上、中巻第五話と中巻第十二話の三本の親疎関係を見て来たが、同様にして、各説話ごとに三本の親疎関係を見ると、大概は観智院本と東大寺切の近さが確認できるのであるが、いくつかの説話では尊経閣本と東大寺切が近いという結果が出て来る。それらは、中巻第一話・中巻第二話・中巻第三話・中巻第四話・中巻第五話・中巻第六話・中巻第八話・下巻序・下巻第十話である。特に中巻第一話以下に集中している。この部分ではいずれかの本の取り合わせ・混交・改変・改作を考える必要があろう。

今、各説話の三本の独自異文の例数を、中巻第一〜八話の部分と残余の上巻・中巻序・中巻第九〜一八話・下巻の二部分に分けて集計すると次のようになる。

	中巻第一〜八話	残余の中巻及び上下巻
尊経閣本の独自異文	一六五	六五九
観智院本の独自異文	二七八	二六六
東大寺切の独自異文	八一	二二八

この数値を簡単な整数比に置き換えたものを三通り示す。

	尊＋観＝10に固定		観＋切＝10に固定		尊＋切＝10に固定	
	中一話等	それ以外	中一話等	それ以外	中一話等	それ以外
尊経閣本	四	七	五	一三	七	七
観智院本	六	三	八	五	一〇	三
東大寺切	二	二	二	五	三	三

これにより、「尊＋切」即ち尊経閣本と東大寺切の距離を固定した場合、観智院本との分岐点も変動しないことが分る。三本の分岐点からの距離比は、大枠は　尊経閣本・七　対　東大寺切・三　対　観智院本・三　の比であるが、中巻第一～八話の部分では　尊経閣本・七　対　東大寺切・三　対　観智院本・一〇　となっているのである。これは観智院本のこの部分に改変があったと見てよいであろう。

『三宝絵』原形との接点は、三本の分岐点に近いものと思われるが、その位置がどの本の方向にどの程度ずれるかは未解明である。それらのことどもは『三宝絵』研究者の研鑽に期待することとし、ここでは三本に優劣を付することなく、仮に分岐点を祖形との接点として、書承の概要を提示しておく。

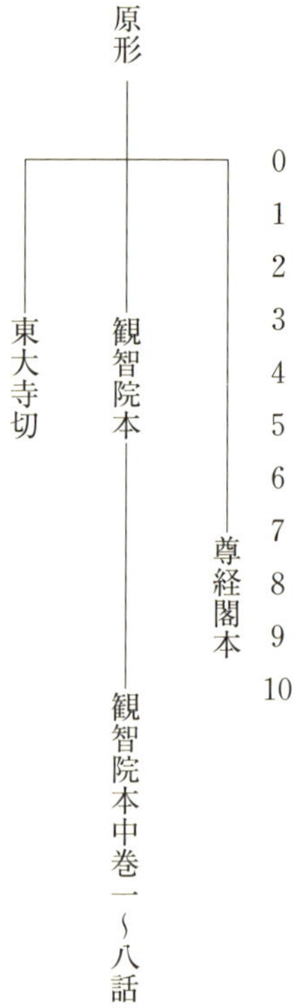

四

尊経閣本の真名表記は、仮名書きの「通行本を漢字に直した本」（山田孝雄）、「漢字片仮名交り文で書かれた一本から漢字を集めたもの」（馬淵和夫）と言われている。事実、僅かではあるが、

蛇成虫《トナラ ムト》生時…家貧顔哀《セシ カハ》（総序）

我弟悲虎投《カト》□□□身（上十一話）

誦経《セムト スルニ》（中十二話）

のように、原態を伝えたかと見られる例もないではない。また

穴貴々々（中序）　**穴**恐々々云（中九話）

何因今日遅帰**給**（上十二話）　不覚生**給**（中一話）

佛生**給**已後（下七話）

のように明らかに和文の語彙の現れているところもある。

ここでは、漢文の訓読に特徴的な発話表現（いわゆる直接話法）が尊経閣本と観智院本・東大寺切でどのようになっているかを見ておく。これは漢文の語序に従って、発話・思惟語彙（云う、申す、宣ふ、思ふ等。以下、「云う」で代表させる）の後に発話・思惟内容が来る表現で、東大寺切・観智院本には次のような形式が見られる。

云ク・云フ……**ト云フ**　のように発話・思惟内容の後に発話・思惟語彙が繰り返される形式

仙人の**いはく**「なとか又きらすなりぬる。…うらむる心をなすへからす」**といひて**、(上三話)

仙人ノ**云ク**「何トカ又不切ラス成ヌル。……恨ムルコトヲ不可成」**ト云テ**、(同)

おきなの**いふ**「われまつし。たれかつかはれむ」と**いふ**。(上十二話)

二人ノ子母ニ**イフ**「家ノ上ニ七人ノ法師アリテ……。ハヤクイテ、ミ給へ」**トイフ**ニ、(中十二話)

云ク・云フ……の発話・思惟内容の後に、発話・思惟語彙が繰り返されない形式

とひて**いはく**「なむちはなに人そ」**と**。こたへて**いはく**「我は仙人なり」**と**。(上三話)

かうさにのほりて**いはく**「いやしき身、…しめせることあり」**とて**そのゆへをかたる。(中十一話)

おとろきて**いはく**「その人はわれなり。なにのゆへにめすそ」。(中十四話)

磐嶋問テ**云**「イッチユク人ソ」。(同)

鬼ノ**云**「我オホク汝カ食ヲエツ。…若汝カ同年ナル人ヤアル」**ト**、フ。(同)

尊経閣本は、漢文式に発話後の「云」「思」が無い場合も多いのであるが、訓読文式に発話後の繰り返しのあるものもかなりの数に及ぶのである。

仙人**云**「何又不切給。縦切砕我身、雖成如芥子如塵、我更不可為怒怨之」**云**則誓(上三話)

答**云**「汝發心、大心勝我、汝今留其心、劣我故也」**云**(下十九話)

翁**云**「我貧、誰仕」(上十二話)

二子告母**云**「屋上在七僧、讀経、母出見給」(中十二話)

三本間で、この発話後の繰り返しがあるか無いかを対応して分類すれば**表3**のようになる。

東大寺切・観智院本で「と云ふ」等の繰り返しがあるものは、その2／3程度は尊経閣本でも「云」等の繰り返しがあり、東大寺切・観智院本で共に繰り返しの無い場合には、尊経閣本でもその8割以上に繰り返しが無い。尊経閣本の「云」等の繰り返しが、東大寺切・観智院本の如き仮名または漢字仮名交りの和文から書き直されたものであることが推測される。

表3

東大寺切	観智院本	尊経閣本			
		云……云	云……	……云	……云
いはく・いふ……といふ	云ク・云フ……トイフ	四五	二三	三	
いはく・いふ……	云ク・云フ……	四	二六		
いはく・いふ……	云ク・云フ……トイフ	四	三		
いはく・いふ……といふ	云ク・云フ……	二	四		
いはく・いふ……といふ	……トイフ	一			
……といふ	云ク・云フ……トイフ	一			
……	云ク・云フ……トイフ		二	一	
……	云ク・云フ……			一	一
いはく・いふ……	……		一		

五

尊経閣本には随所に訓点が加えられている。片仮名の傍訓・送り仮名、星点は句点と返点。全面に点じられているのではなく、総序の始め二行、上巻序、第一話から第三話まで、第五話から第八話まで、第十話から第十二話の途中まで、中巻序の始め三行、第十一話始め一行、第一三話、下巻序（始め四行は句点・返点のみ）、下巻第一話、第二話始め二行に見られる。この他、

相楽郡《サカラカ》（中巻第十話）　蜍《ヒキカヘル》（中巻第十三話）
英多郡《アイタ》（中巻第十七話）

等が散見する。これら訓点は、本文が傍訓化したものなのか、或いは仮名表記が消失した後に、新たに加えられたものなのか、にわかに断定しがたい。上巻第十二話の点例で、対応する東大寺切の存する範囲のものを観智院本・東大寺切本文と比較すると、六七例の仮名点のうち、観智院本・東大寺切の双方と一致しないものは二〇例、観智院本本文と一致し、東大寺切本文と一致しないものは三例　東大寺切本文と一致し、観智院本本文と一致しないものは三例となっている。則ち　尊経閣本訓点・二〇　対　東大寺切・三　対　観智院本・三　である。尊経閣本本文と他の二本の分岐点からの距離比の大枠は上述の通り　尊経閣本・七　対　東大寺切・三　対　観智院本・三であるから、尊経閣本訓点は、本文を大幅に通り越している。訓点のほとんどは漢字仮名交り文の本文書承の過程で、仮名部分が失われて行った後で、解釈読解のために改めて付けられたものなのであろう。

前述の関係表に訓点の位置を追加すれば次のようになろう。

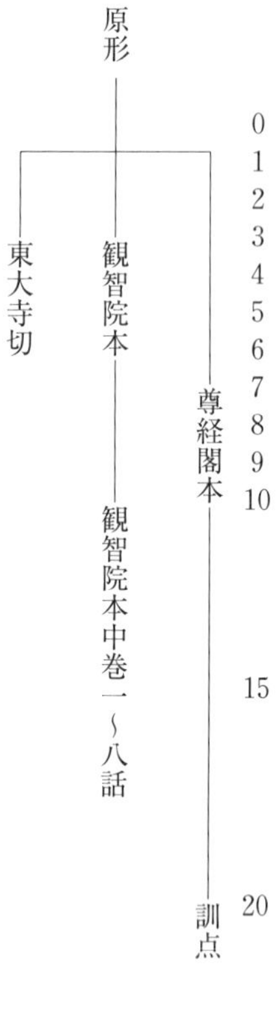

六

　尊経閣本の本文は、「文中には無理な書き方の所が少なからずあ」（山田孝雄）り、文章、言語資料というよりは、「東博本（観智院本）のような漢字片仮名交り文で書かれた一本から漢字を集めた」（馬淵和夫）だけのものに過ぎず、この本文から「わかることは、極端にいへば漢字のならび方、漢字の用字範囲、漢字の総量、であって、それが、どんな文章の表記であるかは、読者の裁量によって、如何やうにもなるといふ体のもの」（山田俊雄）と見られている。従ってその本文価値も「漢文にもあらず、和文にもあらず、東寺本（観智院本）の如きものが無くては容易に読み下すべくも無い」（山田孝雄）、「訓点も何もないので、如何やうに訓ずるかは、或意味で自由である」（山田俊雄）、「漢字列としては決定してゐても、言語としては不確定であり、動揺する可能の多いものである」（同）、「ただ漢字を並べただけで、おそらく一定の読みは期待できないものであろう」（馬淵和夫）、という程度に評されている。しかし一方で、「中に多少の送り仮名や、返読点・句読点を伴う場合もあり、幾分かは動かぬ読みを決定し得るところも存する」（小泉弘）とした上で、高橋貞一（一九七一）が、観智院本を参照しつつ試みに「訓読文を示された業績は、わが国最初の労作として、後学に益するところ誠に多大なもの」と称揚し、その訓読文は、「観智院旧蔵本の文体に近いものになっている」が尊経閣本は「関戸家本（東大寺切）に近い関係が認められるので、もっと和文風な修正の加わった訓読文とすべき」（小泉弘）であると、尊経閣本のあるべき文としての読み、確定した言語資料としての形態の存在を当然のこととする見解もある。

　しかしこれらの考え方には古典遺産の研究者が最初に取り組むべき諸本研究（Text-Chronology）のスタンスが欠落している。古文書や古記録ならばその読みの決定が、そのままその時代の言語資料として定位されるが、『三宝絵』の言語資料としての重要性は、あくまで一〇世紀末葉の和文体としてのそれである。本邦で一九世紀まで行われていた書き言葉に1訓読文体・和漢混淆文、2王朝和文体、3文書・候文体があり、これらが現在では一〇世紀から一二世紀にかけて時代と位相を異にしつつ定位された書き言葉であったろうことは概ね推量できるようになってきている。『三宝絵』は王朝和文体の書き言葉が確立する直前頃の言語を基礎にした書き言葉であり、一二世紀前半・一三世紀前半・一三世紀後半の三様の書本が現在に残されているのである。諸本編年の手法により一一世紀に溯る、より原本に近い本文形態を復元することも不可能ではない。一旦仮名部分を失った上で「訓点」が加えられた尊経閣本の本文の読みを、「訓点による読みは動かしがたい」として決定してゆけば、そこに作り挙げられたものは一三世紀後半の古典享受層によって古典学習・漢文訓読の場で用いられていた、九世紀頃の言語を模範とする「正しい書き言葉」としての擬古文に過ぎなくなるであろう。

大方の予想に反して、諸本研究のスタンスからは、尊経閣本の「読み」は大概を決定出来るのである。もちろん残存する諸本の多いほど遡源は容易であるから、三本揃っている方が良い。ここでは中巻第十二話（大和国山村郷女）の読みを提示する。

大和《やまと》の國添上《くにそふのかみ》の郡《こほり》 山村《やまむら》の郷《さと》に有《あり》一《ひとり》の女《をむな》。名《な》未《いま》だ詳《つばびらか》ならず。此《こ》の女有《をむなあり》女子《むすめ》。嫁《をとこ》して生《うめ》一《ひとり》の子《こ》をり。聟《むこ》は任《めさ》外《ほか》の國《くに》の司《つかさ》にれぬ。率《ひきゐ》妻子《めこ》をて、到《いたり》任《にむ》ぜる國《くに》にて、経《へ》十二年《ね》をて、妻《め》の母有《ははあり》故《ふる》き郷《さと》にて為《ため》子《この》に見《み》夢《ゆめを》て、驚《おどろ》き覚《さ》めて恐《おそ》り歎《なげ》く。誦《ず》経《行》せむとするに、家《いへ》貧《まづし》くして无《な》物《もの》し。脱《ぬぎ》自《みづか》ら被《き》たる衣《きぬを》て洗《あら》ひ浄《きよ》めて行《おこなふ》諷誦《ずを》。悪《あし》き夢《ゆめ》重《かさ》ねて見《み》ゆ。母《はは》の心《こころ》益《ますます》恐《お》づ。又《また》脱《ぬぎ》遺《のこり》の衣《きぬを》て洗《あら》濯ひて行《おこなふ》諷誦《ずを》。随《したがひ》夫《をとこに》て住《すむ》任《にむ》ぜる國《くに》の館《たちに》。二《ふたり》の子《こ》出《い》でて遊《あそぶにはに》庭。母在《ははあり》家《や》の内《うちに》。二《ふたり》の子《こ》告《つげ》母《ははに》て云《いふ》「屋《や》の上《うへ》に在《あり》七《なな》の僧《ほうし》て、讀《よむ》経を。母《はは》出《い》でて見《み》給《たま》へ」と。於屋《や》の内《うち》を聞《き》くに、實《まこと》に有《あり》讀《よむ》経を音《こゑ》。如《ごとし》蜂《はち》の集《あつま》りて鳴《な》るが。母《ははあやし》怪びて立《た》ち出《いづるにはに》庭之間《ほど》に其《そ》の屋《や》則《すなは》ち倒《たふ》れぬ。七人の法師《ほうし》忽《たちま》ちに不《ず》見《みえ》。女子《むすめ》恐《おぢ》怪《あやし》びて中心思《おも》ふ。天地の助《たすけ》吾《われを》て、无《なし》被《るる》押《おそひ》殺《ころさ》於屋《に》之事《こと》と悦《よろこ》ぶ。後《のち》に母遣《ははやり》使《つかひを》て、謂《いひ》悪《あ》しき夢《ゆめ》之《の》様《さまを》行《おこなひし》諷誦之《ずを》由《よし》、女子《むすめ》聞《きき》之を益《ますます》敬《ゐやまふ》三寶《ほうを》即《すなはち》知《し》りぬ、諷誦《ず》の力《ちから》三寶《ほう》の助《たす》け給《たま》ふ也《なり》。見《みえたり》霊異記に也。

このような「解読文」は諸本研究においては、研究して行く過程での作業仮説としてのイメージに過ぎないものであり、研究が進展すれば廃棄されるものである。初学の人に対しては諸本研究の方法論を理解してもらう上で、このイメージを具体化して示すことは教育的効果があるが、これを活字化して公刊し研究者が自己の業績にしてしまうことは、諸本研究には無知無縁の多くの人（含国語学者・国文学者）に大いなる誤解を植え付けるものであるから、厳に謹しむべきである。実際の研究作業では、このイメージを帯して、諸本の本文・字面を直接比較すれば良いので、一々それぞれの解読文を作る必要はない。現在、この作業は大抵 Excel 上の手作業で行われているが、将来かなりの部分がコンピューター処理されるようになるかもしれない。しかし、そのようになったとしても『三宝絵』の諸本研究は三宝絵研究者が個々になすべきことであって、外注・下請けを期待する殿様研究に堕さないよう注意することが肝要である。

右に示した解読文は、尊経閣本が依拠したであろう漢字仮名交りの文の本の読み下し文をイメージしている。異文を構成しない部分は、取り敢えず、観智院本・東大寺切いずれかの読みを充ててあるが、これは集計処理の段階で消去されるので「本文の確定」をする必要は無い。尊経閣本の独自異文は、仮の読みを与えてある。これは最後まで残されるものであるから、「確定」には慎重を期すべきである（外注・下請けにしたら最早研究の継続は危うい）。Excel 上で作業をしていれば、三本の語句・字句を対照したデータは容易に作れるし、これが独自異文の読みを確定するのに役立つことは言うまでもない。

仮の読みを与えてある、と記したが、実際はExcel上で集積した三本対照のデータを参考にして、仮の読みを与えたものである。前世紀の末葉頃から、校本・索引の類いは、公刊自体が無為の所業となっており、むしろ研究者自身の手で自分用に作り確保することの方が容易である。この種のものが必要な研究者は、他の人に作らせたり、誰かが作って公刊するのを待ったりすること無く、自分自身で取り組むよう心掛けて欲しいものである。

〔文　献〕

一九五一・10　山田孝雄『三宝絵略注』宝文館。
一九七一・7　高橋貞一『三宝絵の研究』仏教大学通信教育部。
一九七四・11　山田俊雄「説話文学の文体――総論――」（『日本の説話7　言葉と表現』）。
一九八〇・9　小泉　弘「三宝絵の研究――回顧と展望――」（小泉弘・高橋伸幸『諸本対照　三宝絵集成』笠間叢書131）。
一九九一・3　馬淵和夫「三宝絵詞の草稿本、東大寺切・関戸本について」説話9。
一九九七・6　宮澤俊雅「三宝絵諸本の親疎関係」史料と研究26。
一九九七・9　馬淵和夫「三宝絵解説」（馬淵和夫・小泉弘・今野達校注『三宝絵　注好選』〈新日本古典文学大系31、岩波書店〉）

尊経閣善本影印集成 41-1 三宝絵

発行 平成十九年十月三十一日

定価 二冊組 二七、三〇〇円（本体二六、〇〇〇円＋税五％）

編集 財団法人 前田育徳会尊経閣文庫
東京都目黒区駒場四－三－五五

発行所 株式会社 八木書店
代表 八木壮一
東京都千代田区神田小川町三－八
電話 〇三－三二九一－二九六一（営業）
二九六九（編集）
FAX 〇三－三二九一－六三〇〇

製版・印刷 天理時報社
用紙（特漉中性紙） 三菱製紙
製本 博勝堂

ISBN978-4-8406-2281-3 (41-1) 第六輯 第2回配本

Web http://www.books-yagi.co.jp/pub
E-mail pub@books-yagi.co.jp